Angela Guenka • Ceci Sendas • Eli Paschenda
Jorge Mendes • Luiz Ramalho • Márcia Calado
Maria Célia • Silda Castro • Vérci Armelin

PERDAS
e VIUVEZ

Partilhando vida

Paulinas

Dados Internacionais de Catalogação na Publicação (CIP)
(Câmara Brasileira do Livro, SP, Brasil)

Perdas e viuvez : partilhando vida. -- São Paulo : Paulinas, 2018. -- (Coleção pastoral familiar) Vários autores.

ISBN 978-85-356-4422-7

1. Cônjuges 2. Fé 3. Igreja - Trabalho com famílias 4. Luto - Aspectos religiosos 5. Perda - Aspectos religiosos 6. Superação 7. Testemunhos 8. Viuvez - Aspectos religiosos I. Série.

18-16867   CDD-259.6

Índice para catálogo sistemático:
1. Perdas e viuvez : Pastoral familiar : Cristianismo 259.6

Cibele Maria Dias - Bibliotecária - CRB-8/9427

Direção-geral: *Flávia Reginatto*
Editora responsável: *Andréia Schweitzer*
Coordenação de revisão: *Marina Mendonça*
Copidesque: *Ana Cecilia Mari*
Revisão: *Sandra Sinzato*
Gerente de produção: *Felício Calegaro Neto*
Projeto gráfico: *Manuel Rebelato Miramontes*
Produção de arte: *Tiago Filu*
Imagem: *Fotolia – leere Bank am Steg © Jenny Sturm*

1ª edição – 2018
1ª reimpressão – 2024

Nenhuma parte desta obra poderá ser reproduzida ou transmitida por qualquer forma e/ou quaisquer meios (eletrônico ou mecânico, incluindo fotocópia e gravação) ou arquivada em qualquer sistema ou banco de dados sem permissão escrita da Editora. Direitos reservados.

Cadastre-se e receba nossas informações
www.paulinas.com.br
Telemarketing e SAC: 0800-7010081

Paulinas
Rua Dona Inácia Uchoa, 62
04110-020 – São Paulo – SP (Brasil)
(11) 2125-3500
editora@paulinas.com.br
© Pia Sociedade Filhas de São Paulo – São Paulo, 2018

Sumário

Preâmbulo
Pe. Luiz Antonio Bento 5

Apresentação
Pe. Claudio Antonio Delfino 9

Prefácio
Ir. Ivonete Kurten 11

Introdução
Maria Célia 15

A dor da separação
Márcia Calado 21

Dar testemunho da bondade divina e do verdadeiro sentido da vida
Márcia Calado 27

Sentimento de perda
Jorge Mendes 33

A duplicidade da responsabilidade familiar
Jorge Mendes 41

Vencendo a solidão
Ceci Sendas 47

A necessidade de recomeçar mesmo sem forças suficientes
Eli Paschenda 53

Abraçando a dor
Angela Guenka 57

Ser feliz mesmo com os desafios
Luiz Ramalho 63

As dificuldades e a superação diante de uma separação
Vérci Armelin 67

Consolar os aflitos
Eli Paschenda 71

Fazer-se presente diante da pessoa viúva e dos seus familiares
Maria Célia 77

Colaborar na reorganização da família
Silda Castro 85

Dimensão da fé na dor
Ceci Sendas 91

E concluindo
Jorge Mendes 97

Preâmbulo

Entre os desafios da terceira idade, mas não só, pois o fenômeno pode também envolver pessoas mais jovens, encontramos aquele relacionado com a viuvez. Infelizmente, na Igreja ainda falta uma pastoral orgânica para as pessoas viúvas, considerando o grande número de pessoas que vivem neste estado. Por outro lado, percebem-se grandes sinais de esperança em nossa realidade com o crescente interesse da Igreja em torno de um setor da pastoral familiar junto às pessoas que passaram por "perda" do cônjuge.

Esse é um dos temas sobre o qual a Igreja Católica no Brasil vem refletindo há anos para oferecer um acompanhamento de perto às pessoas que vivem o estado de vida na viuvez. Uma passagem bastante conhecida nas Sagradas Escrituras é a do profeta Isaías, que diz: "Aprendei a fazer o bem! Buscai o direito, corrigi o opressor! Fazei justiça ao órfão, defendei a causa da viúva!" (Is 1,17).

É nesta perspectiva de esperança que se situa a obra que ora também temos o privilégio de apresentar, *Perdas e viuvez*, de autoria de viúvos e viúvas que passaram pela experiência da dor da perda do cônjuge e procuram oferecer à sua família e à comunidade um grande testemunho cristão.

Nesta perspectiva, longe de ter a pretensão de esgotar a temática em torno de algumas questões difíceis da pastoral familiar contemporânea, tais como: a dor da separação, testemunho da bondade divina e do verdadeiro sentido da vida, sentimento de perda, a duplicidade da responsabilidade familiar, dificuldades e superação em uma separação, entre outros, este livro quer despertar maior consciência para esse fenômeno e "partilhar a experiência de quem viveu a perda não só na viuvez, mas na separação conjugal".

Esta obra oferece também uma contribuição para o aprofundamento deste setor da pastoral familiar, na perspectiva de orientar, humildemente, as comunidades diante de tantas exigências. Uma convicção profunda perpassa a obra: a de que somente uma Pastoral Familiar intensa e vigorosa será uma bússola necessária a orientar o nosso caminhar, a fim de reconhecer o valor inestimável de alegria e de dor, para a Igreja e sociedade, das pessoas que passaram e passam pela dura experiência de perdas.

Esta obra chega em boa hora e será de grande ajuda aos agentes da Pastoral Familiar e a todos os leigos e leigas engajados em nossas comunidades espalhadas por todo Brasil. Vem enriquecer a bibliografia na área da Pastoral Familiar. Ao mesmo tempo em que parabenizamos os amigos e amigas por ousar acender uma luz, ainda que seja pequena, na escuridão dos desafios da perda e viuvez, fazemos votos de que esta obra seja amplamente divulgada, conhecida, refletida e debatida, não somente no setor de casos especiais da Pastoral Familiar, mas também junto a todas as lideranças religiosas e leigas da Igreja no Brasil.

Por fim, o pensar e agir desse grupo de pessoas viúvas e viúvos veio para nos despertar e abrir o horizonte para novas reflexões e estudos, necessários para esta urgente atenção, e transformaram-se em baluartes da dignidade humana de pessoas que vivem o estado de viuvez.

Pe. Luiz Antonio Bento
Arquidiocese de Maringá, Paraná
Professor pós-doutor em Bioética
Curso de Graduação em Medicina do Centro Universitário Ingá

Apresentação

É com grande alegria e satisfação que aceitei o convite para apresentar estas ricas páginas nascidas de uma profunda experiência de vida (e por que não dizer, também, dolorosa) marcada, com certeza, por um iluminado sentimento de fé e esperança em Deus, que ressuscitou Jesus Cristo dentre os mortos, por obra do Espírito Santo e pela inteligência de que fomos dotados por Deus. A nossa pertença à Igreja estreitou os nossos laços de irmãos e amigos.

Falar sobre o luto exige um esforço para crer e compreender o mistério da morte como imerso no mistério da vida. Em outras palavras: é, antes de tudo, aceitar que o objeto de fé da Igreja consiste em acreditar na vitória da vida sobre a fraqueza da morte. É um exame doloroso em contemplar que "a transgressão de um só (Adão) levou a multidão humana à morte, mas foi de modo bem superior que a graça de Deus, ou seja, o dom gratuito, concedido através de um só homem, Jesus Cristo, se derramou em abundância sobre todos" (Rm 5,15). É experimentar a dor da separação abrupta, da perda, ou melhor, à luz da fé, da doação de quem faleceu como um presente para Deus. E doar é a expressão máxima do amor ágape. É descobrir que o mistério da vida ultrapassa os limites do tempo presente, para desembocar na eternidade.

A leitura destas belas páginas me encantou por diversos motivos. Primeiro, o sentido de ser Igreja. A imagem da Igreja em 1 Coríntios 12 a apresenta como um corpo, o Corpo Místico de

Cristo. Assim, a experiência e contribuição dos vários autores deste livro formam uma unidade bem concisa, com elementos que completam e conferem um significado bem dilatado ao texto. Somos todos, pelo Batismo, membros do mesmo Corpo, isto é, a Igreja. Dessa maneira, numa mesma obra, podem-se encontrar vários vieses de leitura. O segundo motivo foi a sensibilidade humana com que trataram a temática. A fé cristã não anula o sofrimento humano, mas lhe confere um sentido mais profundo e fecundo. Em terceiro lugar, o esforço que empreenderam, seja estando juntos, seja se comunicando pelas redes sociais, para construir este texto.

Desejo dizer a todos que ingressarão na feliz aventura de ler este livro que, se encontrar em estado de luto, não implica o fim do sentido da vida. Deus nos fez de um modo tão lindo e perfeito que nos capacitou para recomeçar, sempre que for necessário. A nossa natureza humana é flexível, a ponto de se deixar remodelar, mesmo em meio à dor. Estar viúvo ou viúva não significa perder o sentido da vida sem ter terminado a missão aqui na terra, mas, sim, que é necessário *reinventar* o seu seguimento como discípulo missionário de Jesus Cristo. Ele ainda precisa de você.

Acreditemos: DEUS É MUITO BOM. Viver vale a pena! Boa leitura!

Pe. Claudio Antonio Delfino
Pároco da Paróquia Sant'Anna
Catedral Diocesana de Mogi das Cruzes

Prefácio

Muito me alegrou o convite dos autores para prefaciar esta obra: *Perdas e viuvez*, pela amizade que cultivo por cada um deles, mas, acima de tudo, pela admiração que tenho pelo lindo, oblativo e frutuoso trabalho pastoral que desenvolveram e desenvolvem na ação evangelizadora na Igreja do Brasil, de modo particular, na Pastoral Familiar. Também o faço com muito carinho, pois compreendo a importância de uma obra como esta. A Igreja necessita ouvir, conhecer e acolher, com um coração misericordioso, as pessoas enlutadas. A dor da separação é profunda, e quem passa por ela sabe o quanto é difícil e solitário ter que prosseguir a vida, agarrando-se às lembranças da pessoa que se foi, bem como conhece a necessidade de encontrar razões para continuar a viver. E, mais particularmente, os viúvos, as viúvas e as pessoas que, sem muitas explicações e motivos, sofrem perdas afetivas.

A importância e a originalidade desta obra estão no fato de ela reunir várias experiências de luto e perdas de pessoas ligadas à comunidade cristã, que, como casais, doavam sua vida no cuidado com as famílias. De repente, elas tiveram que lidar com questões anteriormente vividas apenas na teoria. O que fazer diante da morte de meu esposo, da minha esposa? Como reagir diante do abandono do lar, por parte do meu cônjuge? Perguntas que as atingiram no âmago de suas vidas. E decidiram contar suas histórias para, pastoralmente, ajudar outras pessoas na mesma situação, dando testemunho de que a fé em Deus, a vivência familiar e a participação na comunidade são alicerces fundamentais para a superação do luto, a aceitação da viuvez, do abandono, no vislumbrar de um novo recomeço de vida e de uma nova oportunidade para amar.

Um dos segredos da superação do luto e das perdas está relacionado à experiência de fé da pessoa enlutada. Os autores contam que sua superação foi fundamentada na experiência de fé vivida por eles e também pela pessoa querida que faleceu. É importante observar como a experiência de fé do casal, anteriormente à morte, e o processo de morte do cônjuge (doença, assassinato, abandono...) se entrelaçam e ganham um sentido fecundo no momento da dor, do luto. A iluminação vem da Palavra de Deus, de líderes religiosos ou de pessoas significativas na sociedade, que foram capazes de viver com grande oblatividade a sua vida, como Santa Rita, Santa Teresa de Calcutá, Irmã Dulce, o Anjo Bom da Bahia.

Outro segredo que se depreende das partilhas está ligado à vida familiar e social. Quanto mais afetivo for o círculo de amizade, mais rápido e menos doloroso é o luto e o processo de voltar à vida ativa, o recomeço da vida, a reorganização da própria existência na nova realidade que se apresenta, sem a presença da pessoa que se foi, seja pela morte ou pela ausência. Esse círculo afetivo com que a pessoa enlutada pode contar é valioso, de modo particular no primeiro momento, quando ela está confusa, se questionando, como Márcia Calado: "Como superar a perda de uma pessoa querida? Como continuar a viver sem a pessoa que era o motivo do meu viver?". Os amigos, nessa hora, podem se ocupar em saber como estão as coisas práticas, todos os trâmites que devem ser realizados após a morte de alguém, e se colocarem à disposição para ouvir a pessoa pelo tempo que ela precisar. Este é o momento da escuta, e não de dar conselhos, que nem sempre são oportunos, como menciona Jorge Mendes em seu artigo.

Não se pode precisar o tempo do luto. Para cada pessoa ele é diferente. Porém, segundo especialistas, o luto vai ser vivido de modo mais intenso no período de seis meses a um ano. Os nossos autores contam que tudo o que antecede a morte e o enterro é uma experiência vivida quase numa espécie de anestesia: a pessoa morreu, o corpo foi sepultado, não está mais ali, mas o processo do "enterrar" ainda não aconteceu. É um processo humano, afetivo e espiritual, que a pessoa necessita fazer. É importante aceitar e reconhecer a realidade da perda, a morte ocorrida, e que não há mais retorno. Essa é a realidade. Se for aceita, serão menos complicados a superação do luto e o recomeço da vida.

Uma fase importante na superação do luto é a aceitação da morte, fazer acontecer realmente o "enterro" da pessoa, ou seja, o enlutado tem de dizer a si mesmo: essa pessoa morreu, esta é a realidade agora, admitindo para si mesmo que o outro tem o direito de partir, que ele cumpriu a sua missão, que ajudou a construir a vida matrimonial e familiar. É preciso fazer isso com serenidade, conforme explicita Eli Paschenda: "Conscientizei-me de que nada mudaria a situação, era definitivo. Ele era de Deus e estava bem junto dele, e eu precisava continuar a minha vida. Afinal, ele havia cumprido sua missão e eu ainda teria de terminar a minha".

Outra fase muito importante é a dos ajustes externos, como fazer as tarefas básicas do dia a dia: pagar contas, ir ao mercado, arrumar a casa, tomar decisões sozinho, dar andamento nos papéis de inventário, entre outras coisas. E, também, fazer os ajustes internos, que consistem em se lembrar da pessoa querida sem dor, apenas com saudade. "Agora, após dois anos da morte de meu esposo... Já consigo falar do meu marido sem apertos no coração... As recordações brotam de dentro com sentimentos de alegria, tranquilidade, e trazem segurança", afirma Angela Guenka.

A superação do luto é o momento no qual a pessoa enlutada encontra uma vinculação duradora com o indivíduo que faleceu. Ela se permite viver novas formas e expressões de amor e de doação da vida, independentemente da pessoa que partiu. É como se dissesse àquele que se foi: "Vá em paz, pode partir, eu estou bem, conto com você me protegendo, mas vou seguir a minha vida. Obrigada por você ter existido na minha vida". É uma espécie de "enterro" afetivo. Extrai-se energia emocional do relacionamento antigo para reinvestir em novas experiências existenciais, como, por exemplo, um novo amor com quem se deseja partilhar a vida ou o cuidado da família, engajamento em causas sociais, viagens e, acima de tudo, o cuidado com a própria vida. É novamente uma opção resoluta de voltar a amar, como afirmam os colaboradores de *Perdas e viuvez*. Sem medos, mas apostando na vida que se desponta pela frente, sempre com olhos na meta final da própria vida: Deus, o Reino, a santidade.

Irmã Ivonete Kurten, fsp[1]

---

[1] Religiosa da Congregação das Irmãs Paulinas, jornalista, licenciada em Filosofia pela UFPA, formada em Comunicação Social pela Universidade São Marcos de São Paulo e pós-graduada em Cultura Teológica pela Universidade Católica Dom Bosco (MT). Ministra cursos e palestras na área de Comunicação, com temas voltados para família, liturgia e Pastoral da Comunicação. Contato: <kurtenivonete@hotmail.com>.

Introdução

O grande poeta Fernando Pessoa já dizia: "Deus quer, o homem sonha, a obra nasce". É preciso ter sensibilidade e atenção para perceber que o projeto é de Deus, Deus quer. Também se faz necessário colocar nossas fantasias e nossos desejos em prática, e, por último, executar o que compete a nós, ou seja, colocar a mão na massa e fazer a coisa acontecer, a obra nascer.

Foi o que nosso grupo fez, vivenciando e experienciando a oportunidade de partilha entre irmãos de caminhada dentro da Pastoral Familiar e companheiros do infortúnio, que passaram pelo luto, com a perda do cônjuge. A riqueza destas partilhas (também) remeteu a momentos em que era vivenciada a saudade e o vazio deixado. Em contrapartida, escutar o testemunho de amigos e ver sua superação também faziam com que se enxergasse, com mais clareza, a superação de cada um diante das tantas perdas da vida.

Durante nossa caminhada, ocorrem muitos acontecimentos de perdas e mortes. Isso faz a gente pensar em como superar essas questões, na vida de comunidade, na presença da Igreja em nossa vida, que sempre foi primordial.

Eis como surgiu este livro!

Por participarmos da Pastoral Familiar na paróquia, diocese, no Estado e também no Nacional, eu e Wanderley (cônjuge) tínhamos contato com muitos casais, com os quais fizemos amizade e que se tornaram companheiros de caminhada. Um dia, recebemos a notícia de que um dos coordenadores de Brasília tinha falecido, e procuramos dar apoio à sua esposa. A partir disso, começamos a pensar em como ajudar, como estar perto daqueles que perdem seus entes mais próximos.

Até que chegou um dia que eu jamais gostaria que tivesse chegado... Wanderley adoeceu, daí veio a cirurgia... quimioterapia... radioterapia... e a vida indo embora...

Recebi, nessa etapa da vida, muito apoio da família, da Pastoral Familiar, de amigos de perto e de longe... mas também houve muitas ausências de pessoas de quem esperava apoio e que, por alguma razão, não se fizeram presentes.

Aconteceu o que não queríamos... a morte ... ou o passar desta vida para a outra, em que acreditamos e esperamos ser melhor...

Sozinha... sim.

No começo, a família, a Igreja e os amigos (nem todos) procuram estar perto de nós; depois, isso vai ficando mais espaçado... não por culpa deles ou por que querem, mas porque a vida continua para cada um.

Vivenciei meu luto como pude, durante um bom tempo, depois me dei conta de que realmente a vida tem que continuar, sem tristeza, sem depressão, sem raiva, sem remorsos, simplesmente tem que seguir.

Comecei a pensar e meditar sobre como ajudar outras pessoas que tiveram perdas em suas vidas.

Logo em seguida a isso, faleceu nosso amigo Rodolfo, de Curitiba, deixando a Eli viúva.

Como, então, juntar nossas dores, também ver e sentir as de outras pessoas com a mesma história de vida?

Lembro-me bem de Dom Orlando Brandes, arcebispo de Londrina na época, e agora arcebispo de Aparecida, que me orientou e pediu que eu começasse um trabalho com um grupo de viúvos, apesar de termos bem mais viúvas do que viúvos, por vários aspectos e circunstâncias.

Na Pastoral Familiar, temos um Subsídio de Casos Especiais, onde pouco se fala do acolhimento aos viúvos. Padre Claudio Delfino, na época em que assessorava a PF Nacional, deu ideias e criou um projeto para ajudar nessas questões, então, com a aprovação e incentivo dele, iniciamos nosso trabalho.

Eu e Eli fomos a Cascavel (PR) para falar com um grupo de viúvos daquela arquidiocese. Foi uma primeira experiência, positiva. Vimos e sentimos quantas pessoas precisavam de nós e de nossas histórias vividas.

A partir daí, começamos a articular com outras pessoas na mesma situação, para desenvolvermos o trabalho de ajuda. Lembro-me de que na Assembleia Nacional da Pastoral Familiar, em Cuiabá, nos momentos livres, de refeições e outros, comecei a divulgar e a ouvir ideias sobre o que poderíamos fazer. Surgiu, então, a vontade de realizar um primeiro encontro/reunião entre nós. Ali estavam eu, Márcia, Jorge e Lorimar (que, infelizmente, depois veio a falecer), todos viúvos.

Nosso grupo, formado como "piloto", decidiu se reunir para buscar uma forma de ajudar não só as pessoas enlutadas, mas a nós mesmos.

Então, deu-se o primeiro encontro, em um fim de semana prolongado, na cidade de Sorocaba (SP), um momento riquíssimo de partilha, momentos de cura e de muito discernimento. O grupo começava a se formar, e contava comigo e a Eli, além dos queridos amigos Márcia (Recife), Ceci (Governador Valadares), Ângela e Vérci (Sorocaba), Jorge (Divinópolis) e Silda (São Paulo).

O encontro seguinte aconteceu em Recife, também em um fim de semana prolongado, e o trabalho foi tomando forma. Nesse encontro, para a nossa alegria, juntou-se a nós nosso amigo Luiz, da cidade de Sorocaba. Pudemos contar também com a presença amiga da Irmã Ivonete Kurten – Irmã Paulina –, que tem apoiado muito nosso grupo e que, além de nos acolher, deu-nos o privilégio de uma formação, em um momento do nosso encontro, nos brindando com sábias palavras.

Em seguida, houve outro encontro, em Sorocaba, e aí tivemos a oportunidade e a alegria de concluir a primeira parte do trabalho, que consiste neste livro que agora está sendo publicado.

Devido à distância geográfica de cada participante, fizemos três encontros, mas, no intervalo entre um e outro, usamos as ferramentas que temos hoje: as redes sociais, como, por exemplo, e-mail, WhatsApp etc., o que foi muito relevante para o andamento dos trabalhos.

Vale ressaltar que os nossos encontros foram sempre muito ricos em espiritualidade, com orações e alegria, para fortalecimento das amizades. Percebemos e sentimos que realmente a vida continua e que devemos aproveitá-la da melhor maneira possível, pois Deus nos quer e nos criou para sermos felizes.

E foi assim que nasceu este livro, de histórias vividas e testemunhos de superação. Convidamos você, leitor, que passa por um momento de perda ou luto, a abrir o seu coração e a entrar em nossa partilha, através das páginas desta obra. Oxalá você também encontre, nesta leitura, caminhos de superação e descubra ainda mais que Deus o ama sempre e que nada melhor para aliviar o coração que ter pessoas ao nosso lado, para nos fortalecer e nos animar a prosseguir.

Uma boa leitura e Deus seja louvado hoje e sempre.

Maria Célia

A dor da separação

Márcia Calado

Viúva de Henrique, mãe de 3 filhos e avó de 3 netos. Mora em Recife (PE). Psicóloga e terapeuta familiar. Foi coordenadora da Pastoral Familiar do Regional Nordeste 2 (PE, AL, RN, PB). Foi colaboradora da Pastoral Familiar Nacional com a Juventude.

O luto é entendido como um processo de elaboração das perdas. Vivemos a dor da separação, somos levados a enfrentá-la em algum momento da nossa vida.

Rubem Alves escreve: "Amor é isto: a dialética entre a alegria do encontro e a dor da separação...".

Quando encontramos e aceitamos viver com uma pessoa por todos os dias de nossa vida, é difícil pararmos para pensar que chegará o dia em que teremos de nos separar. Se alguém que amamos profundamente morre, é como se uma parte de nós também morresse.

Um vazio instala-se no peito, ficamos sem chão. Para onde ir? Por onde começar? O que fazer?

A morte de um ente amado causa uma dor inigualável, que fere a alma e deixa sempre uma cicatriz aberta.

Qual deve ser o meu novo olhar? Vou estar atento para ouvir o que Deus quer me falar?

Acredito que ele é fiel às suas promessas e que vale a pena acreditar nele como fez a viúva de Sarepta? (1Rs 17,8-16).

Estar junto de alguém por toda a vida, até que a morte nos separe, é despojar-se de tudo, inclusive de vontades, de planos, e colocar-se diante do novo.

O que é ficar sem chão?

Quando nos deparamos com a realidade da viuvez, sem saber por onde caminhar, geralmente surgem algumas pessoas que permanecem por algum tempo ao nosso lado. Mas, depois de certo tempo, cada um precisará cuidar dos próprios projetos e sonhos, junto à sua família.

A pessoa viúva inicia sua tarefa sem a companhia daquele que sempre se fez presente, enveredando por caminhos novos e acreditando que tudo dará certo.

Após percorrer esses caminhos e conseguir lidar de maneira positiva com cada desafio novo e com o seu processo de luto, é possível ter a consciência final da perda, estar ciente de que é algo irrecuperável.

Algumas vezes cansados, desiludidos, já sem forças, sentindo falta daquele que foi seu grande amor, precisamos encontrar a maneira de aceitar a mudança e lidar com ela. Gail Feldman, em seu livro *Tire vantagem da adversidade*, apresenta cinco etapas da dor:

– O primeiro estágio é o processo de negação, este protege-nos, impedindo que a dor não nos esmague.

– A segunda reação à dor é a raiva. Xingamos, gritamos, choramos, nos sentimos ultrajados, e deixamos nossos pensamentos se descontrolarem. Então, culpamos a todos, inclusive Deus.

– No terceiro estágio, recorremos à racionalização. As fortes emoções não nos conseguem devolver o que perdemos. Então tentamos fazer até trocas com Deus.

– O quarto estágio, o da depressão, é aquele no qual as pessoas se fecham, não querendo participar do mundo. A dor de uma profunda tristeza pode resultar em lágrimas, parecendo que nunca se vão esgotar.

– O quinto estágio da dor é o da aceitação, descobrimos uma nova realidade repleta de possibilidades.

E, com isso, a alegria volta para a nossa vida.

Todo mundo sofre com a morte...

Morremos muitas vezes nesta vida, não apenas fisicamente, mas também emocional e espiritualmente, porque as mudanças nos empurram para a frente, para uma outra vida. Não estamos aqui para simplesmente existir, mas para crescer. Essa é a essência do processo criativo (Susan Howatch).

Todos estamos constantemente em transformação. E, na morte, aqueles que ficam necessitam de algumas mudanças, pois não conseguem entender o sentido de tudo isso que está vivendo. "Por que isso aconteceu?"; "Por que comigo?"; "Por que agora?"; "Qual o sentido desse sofrimento?" Estas são algumas das perguntas que nos fazemos.

É irônico que, quando começamos a criar ou a inventar algumas respostas, às vezes não temos a mais vaga ideia de como agir nem por onde começar para alcançar novos objetivos. Damos os primeiros passos e temos a impressão de que não saímos do lugar. Mas a vida continua e segue seu rumo impiedoso. Os dias continuam passando a cada 24 horas, e o resto de sua vida caminha a passos largos, ainda que você precise dar um tempo para tudo.

Hoje, não temos tempo nem para o luto. Precisamos tirar novos documentos, realizar inventários, ir aos bancos, fazer doação dos objetos pessoais, roupas, sapatos, tudo é exigido de nós com uma resposta imediata.

Tomamos um susto também, porque até mesmo uma nova certidão de casamento nos é solicitada, agora não mais com o nome do cônjuge.

Alguém imagina a dor?...

Não podemos nem nos devemos entregar à dor e ficarmos lá.

É impossível exigir que ajamos como se nada tivesse acontecido, desvinculando o emocional das novas rotinas diárias. Mas a sociedade apressada não quer saber disso.

Não há tempo nem para chorar. Daí choramos a caminho de algum lugar, enquanto executamos alguma atividade, escutando uma música que nos remete ao passado.

Quando fechamos a porta de nossa casa ou do nosso quarto, encontramos tristeza e dor, onde antes havia alegria e felicidade.

Por onde começar?

Com o tempo a dor e a ausência causadas pela morte viram uma forte saudade e, nesse momento, um vazio instala-se no peito.

A dor se mistura com a revolta de já não termos o ente amado ao nosso lado, de não podermos tocar a sua mão, abraçá-lo e, principalmente, por não ter alguém para nos escutar, trocar palavras doces e muitas vezes chorar juntos pelos insucessos da vida.

O início deste processo precisa ser feito de maneira positiva, tomando consciência e iniciando um tempo de aceitação e de transformação. Nesse momento, é importante perceber que o sentimento de perda pode desenvolver um luto patológico, sendo necessária uma intervenção de forma rápida, para evitar maiores dissabores.

Vejamos as palavras do Papa Francisco em sua Encíclica *Amoris laetitia*:

> A viuvez é uma experiência particularmente difícil, alguns mostram que sabem canalizar as próprias energias com dedicação ainda maior para os filhos e para os netos, encontrando nesta expressão de amor uma missão educativa. Começar por um caminho sincero e paciente de oração e libertação interior (n. 254).
>
> É necessário acreditar que, embora tenhamos perdido o nosso esposo, existe ainda uma missão a cumprir e não nos fará bem prolongar a tristeza como se fosse uma homenagem (n. 255).

A cada ciclo de dor, crescimento e aprendizagem, nós nos tornamos capazes de nos separar das tendências habituais e de nos lançar ao que nos chega como novo.

É um alívio saber que podemos livrar-nos da dor e voar.

O processo criativo pede que nos abramos para o mundo.

Lidar com isso não significa que devemos adaptar-nos a qualquer custo. Requer que tenhamos disposição e coragem para analisar nossa personalidade e ver em que ponto do caminho podemos empreender mudanças, desde que estas não alterem nossos valores.

Texto bíblico

Ler 1 Reis 17,8-16.

Para reflexão

- Qual é o seu objetivo na vida hoje? Responda com o seu coração...

Dar testemunho da bondade divina e do verdadeiro sentido da vida

Márcia Calado

Viúva de Henrique, mãe de 3 filhos e avó de 3 netos. Mora em Recife (PE). Psicóloga e terapeuta familiar. Foi coordenadora da Pastoral Familiar do Regional Nordeste 2 (PE, AL, RN, PB). Foi colaboradora da Pastoral Familiar Nacional com a Juventude.

Comecemos esta reflexão com um texto bíblico muito interessante: o filho da viúva de Naim (Lc 7,11-16):

> E aconteceu que, no dia seguinte, ele foi à cidade chamada Naim, e com ele iam muitos dos seus discípulos, e uma grande multidão; e, quando chegou perto da porta da cidade, eis que levavam um defunto, filho único de sua mãe, que era viúva; e com ela ia uma grande multidão da cidade.
>
> E, vendo-a, o Senhor moveu-se de íntima compaixão por ela, e disse-lhe: "Não chores". E, chegando-se, tocou o esquife (e os que o levavam pararam), e disse: "Jovem, a ti te digo: Levanta-te". E o defunto assentou-se, e começou a falar. E entregou-o a sua mãe.
>
> E de todos se apoderou o temor, e glorificavam a Deus, dizendo: um grande profeta se levantou entre nós, e Deus visitou o seu povo.

É possível, por meio deste Evangelho, notar a bondade de Jesus, e isso me leva a testemunhá-lo sempre.

Partilho aqui a luta que iniciei no dia 13 de abril de 2013 e, hoje, questionamentos invadem o meu ser.

Como superar a perda de uma pessoa querida? Como continuar a viver sem a pessoa que era o motivo do meu viver?

A morte entrou de forma brutal em minha vida, sem negociar, não esperou. Não obedeceu ao tempo e muito menos à consciência. Apareceu quando menos esperava e derrotou toda a minha esperança e fé na vida.

Reconhecer o olhar de Jesus nesse momento tornou-se difícil para mim, demorou a acontecer.

Eu não o encontrava, sentia-me perdida, desiludida, sem forças para prosseguir. A vida me parecia uma carga muito pesada. Até então, eu tinha tudo ou quase tudo o que havia imaginado. De uma hora para outra, eis que tudo mudou. O que fazer ou como enfrentar esse sentimento dilacerante de dor e desespero? Minha cabeça não estava mais erguida, pois me encontrava abatida e cabisbaixa.

No versículo 13 do Evangelho citado, Jesus olha, contempla, presta atenção na viúva desconsolada, pois o texto diz: "e vendo-a", quando Jesus contempla a situação de qualquer ser humano, inclusive a dos que sofrem, o seu olhar é poderoso, cheio de ternura e compaixão, e resulta em bênçãos sem medida.

Esse momento de reconhecer esse olhar, em mim, demorou um pouco para acontecer. Em meu coração, deveria arder um amor diferente, eu deveria lutar para buscar a presença de Jesus, mas não o encontrava.

Quando "nos" enxerga, é forte o sentimento de Jesus por nós. Ele se compadece e logo nos tira dessa dor, nos compreende e espera por nós, pelo nosso momento, pelo nosso vazio.

Jesus Cristo é o mesmo ontem, hoje e eternamente, a sua ação consoladora permanece sempre. Essa certeza nos leva a procurar um novo sentido para viver. Jesus continua sendo especialista em mudar situações, por isso escutemos a doce voz dele nos dizendo: "Mulher, não chore".

São estas palavras que busquei pôr em prática. Não me desesperando, cuidando de mim.

Necessitei de apoio, e fui buscar em minha família, principalmente, junto aos meus filhos e minhas noras.

Fui cuidada com muito zelo por eles. Muitas vezes, meus filhos vinham em minha casa, com suas namoradas (agora já são casados), e me preenchiam com muito amor.

Diziam: "Vamos assistir a um filme? Vamos jantar algo diferente? Vamos passear?". Porém, nada me movia. Eu era levada, arrastada, empurrada e, mesmo com meus gestos amargos, duros, eles não desistiram de mim. Graças a Deus, eles foram ousados, determinados.

As atividades na Igreja e no meu trabalho foram recuperando pouco a pouco o meu viver.

Deus era meu tudo, e eu não o enxergava, não sentia sua presença, sua bondade infinita.

Lembrei-me, então, de um texto que havia lido muito tempo atrás, da autora Mary Stevenson, que se chama "Pegadas na areia".

Pegadas na areia
Uma noite eu tive um sonho... Sonhei que estava andando na praia com o Senhor e no céu passavam cenas de minha vida.

Para cada cena que passava, percebi que eram deixados dois pares de pegadas na areia: um era meu e o outro do Senhor.

Quando a última cena da minha vida passou diante de nós, olhei para trás, para as pegadas na areia, e notei que muitas vezes, no caminho da minha vida, havia apenas um par de pegadas na areia.

Notei também que isso aconteceu nos momentos mais difíceis e angustiantes da minha vida.

Isso me aborreceu deveras e perguntei então ao meu Senhor:

– Senhor, tu não me disseste que, tendo eu resolvido te seguir, tu andarias sempre comigo, em todo o caminho? Contudo, notei que durante as maiores tribulações do meu viver, havia apenas um par de pegadas na areia. Não compreendo por que nas horas em que eu mais necessitava de ti, tu me deixaste sozinho.

O Senhor me respondeu:

– Meu querido filho, jamais te deixaria nas horas de prova e de sofrimento. Quando viste na areia apenas um par de pegadas, eram as minhas.

Foi exatamente aí que te carreguei nos braços.

Sempre me lembro dos trabalhos que fazíamos juntos, eu e Henrique. Era tudo realizado com tanta alegria, e perseverávamos, acreditando que, com o nosso testemunho como casal e pais, poderíamos ajudar a outros e, assim, "garantiríamos" muitos anos de vida juntos.

Perdi muito...

Um amigo, um companheiro, um evangelizador, um filho, um irmão, um pai, um grande homem.

Amávamo-nos tanto, que a nossa vida se completava. Éramos cúmplices, na alegria, na tristeza, na saúde e, por fim, chegou a doença, e esta nós não conseguimos, juntos, vencer. Ficamos juntos, mas não experimentamos um final feliz.

Agora, como viúva, preciso aprender a viver, dar um sentido novo para minha vida.

O Papa Francisco me ajudou, quando escreveu na AL (258, 2016) estas palavras:

> Quanto melhor vivermos nesta terra, tanto maior felicidade poderemos partilhar com os nossos entes queridos no céu. Quanto mais conseguirmos amadurecer e crescer, tanto mais poderemos levar-lhes coisas belas para o banquete celeste.

Quando se perde o cônjuge, não se deve pensar que a vida acabou. É preciso continuar... servir na família, na Igreja, em obras sociais, nas pastorais, se dedicar ao lado profissional, procurando, assim, uma razão para viver.

Nas minhas pesquisas, encontrei um texto do Padre Fábio de Melo, cujo título é: "Qual é a cor da sua vida?".

Qual é a cor da sua vida?

A vida é um acontecimento que merece ser comemorado. A cada dia, a cada instante, ela se renova generosa nos pequenos espaços. A vida é miúda, feita de pequenas partes. Viver é construir um mosaico, parte por parte, dia após dia. A beleza de um momento unida à tristeza de outras horas passa a ocupar o mesmo espaço no quadro. As cores se misturam e se arquitetam em busca da harmonia tão desejada.

Há dias em que as cores são frias... a vida pede calma, silêncio, pausas...

Há dias em que as cores são quentes... a vida rompe com toda forma de calma...

Não suportaríamos permanecer em um só lado dessas possibilidades. O que nos torna felizes é justamente a dinâmica que nos envolve com suas eternas variações.

A vida é semelhante à trama dos teares. Fios se entrelaçam para construírem juntos o mesmo tecido. A diferença das cores é que garante a beleza final do tecido...

Hoje eu não sei qual é a cor da sua vida. A minha é marinho. Não é alegre, nem triste. Espero pelo dia em que será vermelho. Espero que seja breve. O marinho, lado a lado com o vermelho, torna-se capaz de expressar uma profundidade que sozinho ele não é capaz de demonstrar.

Ninguém pode saber o que é a felicidade, se ainda não tiver passado pela decepção. Só pode saborear bem a vitória aquele que já sentiu o amargo da derrota.

O avesso é repleto de ensinamentos, a vida também.

Não permita que sua mente se transforme num baú de velhas memórias do passado. Transforme-a numa oficina de coisas novas, vá à luta, não se deixe consumir por lembranças e histórias.

Hoje tento, luto, pois, se Deus permitiu que eu vivesse anos maravilhosos, bem vividos, bem casada, é porque quer que eu siga adiante e construa outro projeto de vida, dando novo sentido a minha história.

Devo ser sensível ao que Deus deseja, pedindo-lhe que me mostre o quer de mim agora.

Texto bíblico

Ler Lucas 2,3-7.

Para reflexão

- O que precisa nascer em seu coração?
- Você acredita que aquele que não nascer de novo, não poderá ver o Reino de Deus?

Sentimento de perda

Jorge Mendes

Viúvo de Isabel, pai de 3 filhos e avô de 6 netos. Mora em Divinópolis (MG). Psicólogo. Foi coordenador diocesano da Pastoral Familiar de Divinópolis, membro da Comissão da Pastoral Familiar Leste 2 por três períodos consecutivos. Autor de dois livros junto com sua esposa editados por Paulinas: *Educar os filhos na fé* e *Casamento: é possível ser feliz* e do livro *Isabel de Jesus Mendes – Uma mulher forte, guerreira e santa* (edição do autor), biografia póstuma de sua esposa.

No decorrer de nossa existência, do nascimento à morte, passamos por vários tipos de perda. Ao nascer, o aconchego e a segurança do útero de nossa mãe são a nossa primeira perda. Depois, vamos passando pela fase infantil, adolescência, juventude, idade adulta, velhice, e em todas elas passamos por perdas e ganhos.

Mas não conseguimos, muitas vezes, externar com tanta ênfase os nossos ganhos, como fazemos com nossas perdas. Perder é sempre ruim, perder nos faz sentir derrotados, impotentes, por isso o sentimento não é sempre bem digerido, e acabamos por dar mais valor a ele.

Tive muitas perdas na minha vida, sempre tentei lidar bem com elas, mas nem sempre obtive êxito. Foram várias as perdas. Mas penso que a maior perda do ser humano e a mais difícil de lidar é a morte, principalmente, a perda de alguém querido.

Com a "morte", perdi amigos, parentes. Mas, com relação à perda de cinco pessoas, tive que aprender a administrar melhor meus sentimentos.

A primeira foi a da minha avó paterna: eu tinha sete anos e ela morava conosco. Mesmo ainda criança, acompanhei o sofrimento dela, seus últimos dias. Naquela época, o médico ia até a casa da pessoa. Geralmente, as pessoas morriam em casa mesmo. Por conta até da minha idade, tudo aquilo passou rápido, mas a lembrança de vê-la sem vida, na cama, e a do velório, ficou na minha mente durante muitos anos, como um dia triste que marcou a minha vida.

Depois ocorreu a morte da minha avó materna e madrinha de Batismo. Eu tinha entre dezesseis e dezessete anos, e morávamos na casa ao lado. Tinha ela uma afeição muito grande por mim, era claro isso, pois era neto (ela tinha mais de 30 netos e não sei quantos bisnetos) e afilhado. Eu sabia que tinha preferência naquela casa, como o direito de sentar perto do fogão de lenha, nas manhãs de inverno, e esperar o café passar do coador ao bule.

Depois veio a morte do meu pai. Que baque, que sofrimento, que perda! Eu tinha trinta e três anos, já era pai de três filhos e o meu pai, com sua partida, me deixou uma lacuna, um sentimento de perda terrível, terrível. Achei que não passaria por uma perda assim e que dor maior não poderia sentir.

Mas veio a morte de minha sobrinha, que teve leucemia. Sete meses de tratamento, sete meses de esperança e mais uma perda na vida.

Por último veio a perda maior. Algo que nunca havia passado em hipótese alguma por minha mente. Uma perda que, no meu entender, superava todas as outras: a morte da minha saudosa e amada esposa Isabel.

Por que a perda de Isabel foi maior? Porque Isabel e eu ficamos casados por trinta e um anos e cinquenta e quatro dias. Superar essa situação não foi fácil.

Com a partida da Isabel, perdi várias pessoas, em uma só. Com a morte dela, perdi:

- minha esposa
- minha namorada
- minha amante
- minha companheira
- a mãe dos meus filhos
- a avó dos meus netos
- a pessoa que me ajudava a tomar decisões
- que me incentivava a prosseguir
- a minha companhia do café da manhã, das viagens
- a minha companhia do Movimento Familiar Cristão, da Pastoral Familiar
- a pessoa que ria e chorava junto comigo.

As perdas, através da morte de pessoas queridas e amadas, me fizeram perceber que, por mais dolorosas que elas tenham sido, precisamos enfrentá-las, e entre as minhas motivações de enfrentamento vinha à lembrança as palavras do Papa Francisco: "Deus dá as batalhas mais difíceis aos seus melhores soldados".

Não sei se era um bom soldado, mas fui tentando e, claro, esse enfrentamento não é automático, talvez sejamos ainda um soldado em fase de maturação. Também não somos máquina, que, ao perder uma peça, coloca-se outra no lugar e volta-se a funcionar. Precisamos de tempo, de sermos respeitados neste tempo, mas não nos podemos acomodar e ficar inertes, como se tudo fosse passar sem nenhum esforço. É preciso sair da nossa zona de conforto.

É preciso fazer a nossa parte e ir aos poucos enfrentando essa situação delicada. Às vezes, o enfrentamento pode ser doloroso, às vezes, não, mas, para ficarmos "bem", não dá para trancar-se em si mesmo, sem permitir abertura a algo que nos ajude a ir vencendo as dificuldades. Como também não dá para fingir que está tudo bem. É preciso ter equilíbrio e, agregado a ele, ter força e perseverança em recomeçar. O Anjo Bom da Bahia, a queridíssima Bem-aventurada Irmã Dulce dos Pobres já dizia: "Se fosse preciso, começaria tudo outra vez do mesmo jeito, andando pelo mesmo caminho de dificuldades, pois a fé, que nunca me abandona, me daria forças para ir sempre em frente".

Como disse no início, as perdas são muitas, desde que nascemos até a nossa morte, mas essas perdas têm sentimentos e dimensões diferentes em cada uma delas. Vejamos alguns exemplos.

Se terminamos um relacionamento, é grande nosso sofrimento, vivenciamos uma espécie de luto, mas existe a esperança de que outra pessoa poderá surgir, dando início a uma nova relação, ou até mesmo podemos reatar a anterior.

Se perdermos o emprego, talvez um emprego de muitos anos, o sofrimento é real, pois há muitas incertezas. Mas a possibilidade de conseguir outro emprego também é real.

A perda de um bem material, um patrimônio que foi adquirido com muito trabalho e esforço, e do qual, por alguma razão, você teve que se desfazer, é algo difícil, mas, se você levantar a cabeça e enfrentar a situação, poderá, em certa medida, consegui-lo de volta... é possível, sim.

Há também a perda provinda de uma separação conjugal. Muitos podem pensar que, quando acontece uma separação, é porque não se tinha nada mais a perder. Ledo engano, sempre há perdas numa separação, e não são poucas. Poderia elencar aqui várias.

Por exemplo, às vezes, tem-se a perda do equilíbrio emocional, a perda de um projeto e sonhos que lá no início se mostravam perfeitos... a perda do "nós", que agora passou a ser "eu", enfim, e outras tantas situações. Mas você, ainda assim, claro que com dificuldades, consegue dar a volta por cima e seguir adiante, principalmente se for uma pessoa resiliente. E ainda que não possua esta capacidade, possivelmente, com ajuda você conseguirá.

E vão por aí os vários exemplos de perdas.

Mas a perda através da morte sempre será dolorosa e, na maioria das vezes, mais difícil de vencer. De fato, o ser humano, em sua maioria, não está preparado para enfrentar a morte.

Talvez, esteja aí o nosso maior desafio. Como, após termos perdido alguém muito querido, iremos conduzir a vida? Como entender o sofrimento? Como perceber que precisamos de ajuda? Como administrar tudo isso?

E se foi alguém muito amigo que perdeu um ente querido? Como oferecer ajuda? Como perceber que o outro está precisando de apoio e como prestar ajuda? Como consolar o outro? Muitas vezes nossas palavras não são as mais certas para o momento, não são aquelas que brotaram do coração. Apenas desejávamos dizer alguma coisa e no fim acabou se tornando algo sem sentido. Precisamos fazer brotar do nosso coração as palavras de ternura, conforto, senão existe uma grande possibilidade de nossa ação atrapalhar, em vez de ajudar. A Santa Madre Teresa de Calcutá falava assim: "Todas as nossas palavras serão inúteis se não brotarem do fundo do coração. As palavras que não dão luz aumentam a escuridão".

Enfim, todas essas perguntas merecem, de cada um, uma profunda reflexão, para que tenhamos discernimento e sabedoria para agir diante dessa situação.

A pessoa que sofre a perda vai precisar passar por essa fase difícil, de sofrimento, de choro, e este, aliás, traz certo alívio ao estresse emocional. Vai passar pela fase de achar a vida sem sentido, pela fase do medo, da insegurança. Vai passar pela fase de sentir-se só e tantas outras. Mas percebam que todas as fases foram destacadas com o uso do verbo "passar", e não com o verbo "ficar", "estacionar" para sempre nessa situação. É preciso sempre acreditar que tudo é passageiro.

E quando observamos a situação de fora, devemos ter cuidado para não tentar levar a pessoa que está vivendo tal momento a pular etapas, achando que somos os "bons" e temos os melhores conselhos. É preciso, nessa hora, lembrarmos que o sentimento de perda, o luto, são diferentes para cada pessoa. Cada um tem seu tempo, sua hora.

Sentimento de perda, se não for bem assimilado, pode levar à solidão, dor emocional, baixa autoestima, tristeza, angústia. E se isso não for cuidado, pode acarretar em depressão, e isto é algo muito sério. Imagino que, aquele que se foi, se pudesse falar conosco, com certeza nos diria: "Levanta a cabeça, melhora seu astral. Estou bem. Fique bem, pois quero ver você feliz". Penso que imaginar uma situação dessas seria, por si só, uma forte e inapelável motivação para a nossa superação e, de fato, uma força de enfrentamento espetacular.

E não há dúvida de que para superar todas as perdas, as dificuldades e os conflitos inerentes a elas, só uma coisa terá poder, o AMOR, o amor em todas as dimensões. Lembro-me de uma fala do saudoso Albino Lucianni – Papa João Paulo I –, em uma das suas poucas aparições em seu curto pontificado, em setembro de 1978, quando ele disse: "Não é a discórdia, violência que tudo pode, é o Amor que tudo pode".

Também me lembro de uma fala de Irmã Dulce, o Anjo Bom da Bahia: "Sempre que puder, fale de amor e com amor para alguém. Faz bem aos ouvidos de quem ouve e à alma de quem fala".

De fato, só o amor pode mudar as coisas. E, quando se tem amor, é porque Deus ali está. Sem Deus, não é possível amar, pois ele é a essência do amor. E, quando Deus habita em nós, o amor está junto e, assim, nossa vida se transforma.

Textos bíblicos

Ler 1 Coríntios 13,4-7 e 1 João 4,7-8.

Para reflexão

- De fato, acredito no poder do amor, ou ainda tenho dúvidas ou conflitos que me impedem de exercer esse amor narrado nas leituras?

- Posso dar exemplo de alguma vez que, por conta de minha fragilidade humana, tomei uma atitude não cristã, mas ao perceber isso, levado pelo amor, mudei minha conduta e fiz a diferença?

A duplicidade da responsabilidade familiar

Jorge Mendes

Viúvo de Isabel, pai de 3 filhos e avô de 6 netos. Mora em Divinópolis (MG). Psicólogo. Foi coordenador diocesano da Pastoral Familiar de Divinópolis, membro da Comissão da Pastoral Familiar Leste 2 por três períodos consecutivos. Autor de dois livros junto com sua esposa editados por Paulinas: *Educar os filhos na fé* e *Casamento: é possível ser feliz* e do livro *Isabel de Jesus Mendes – Uma mulher forte, guerreira e santa* (edição do autor), biografia póstuma de sua esposa.

Quando, por uns bons anos, se vive uma vida a dois repleta de acertos, dotada de ótima parceria, de cumplicidade, e esta unidade é interrompida pela morte, cria-se um vazio enorme na vida de quem ficou.

No início, a gente passa alguns dias sem saber direito o que aconteceu, sem acreditar, embora nossa consciência nos mostre que infelizmente aquilo é um fato. É a fase da negação. Também, pessoas bem-intencionadas ficam nos repetindo frases e conselhos prontos, que acabam por nos confundir mais ainda.

Passam-se uns dias, e, querendo ou não, temos que seguir adiante. Aquele exército de pessoas que, nos primeiros dias, estava ali conosco, já não está mais, e isso é natural, pois cada um tem sua vida e o mundo não vai parar por nossa conta. Começa, então, o enfrentamento das coisas práticas, dentro de casa. Aquilo que era feito por dois, terá que ser feito por um só.

Normalmente, na vida de casal, com o passar dos anos, automaticamente, vão-se dividindo as tarefas dentro de casa, cada um vai assumindo o que pode e o que dá conta de fazer. Claro que há tarefas que são dos dois, e assim se vai levando a dinâmica da vida de casal.

Mas, na falta de um dos companheiros, a tarefa que já era nossa ou feita em comum, seja com dificuldade ou facilidade, e ainda que estejamos sob efeito de abalo emocional, precisará ser realizada, ou, pelo menos, é preciso tentar efetuá-la, e com jeito, com habilidade, com vontade, isso é possível.

O que acontece, muitas vezes, é que tais tarefas eram "exclusivas" do outro que se foi, e, por vários motivos, nós não aprendemos a realizá-la, não tivemos tempo, não quisemos ou até achamos mais cômodo nos manter na nossa zona de conforto. Daí, de alguma forma, acabamos nos vendo em um pequeno "apuro". Algumas situações podem, inclusive, deixar-nos confusos, inseguros, e até a simples tarefa de pendurar a roupa no varal causa apreensão: "Meu Deus, como se faz isso?", pensamos. Logo surge outra situação e vem na nossa mente: "Nunca fiz isso!", ou "Onde ficam o lençol e as fronhas nesta casa?". Ou ainda: "Meu Deus, pensava que fazer compras no supermercado era mais fácil". Ou também: "Não sabia que nos bancos havia filas enormes todos os dias, pensava que era de vez em quando e até divertido". E, "Esta casa está precisando ser varrida, como será que se faz isso?".

Parece simples ler isso e, às vezes, até fazer julgamentos, mas os casais costumam viver assim, um completando o outro até nas tarefas.

É, mas agora o outro não está mais presente, e temos que resolver isso sozinhos. Meu conselho é tentar fazer o que se pode dar conta, e, mesmo errando, a gente vai aprendendo. Caso não consiga, peça ajuda, busque orientações, isso vai fazer bem a você e muitas pessoas sentirão até prazer em colaborar. Aos poucos, irá conseguindo administrar sua casa, sua vida.

Quando se observa estatisticamente, e até mesmo entre o convívio em geral, percebe-se que há mais viúvas do que viúvos. Esse dado revela que, aparentemente, morrem mais homens do que mulheres? É possível que sim. Mas existe uma outra situação a ser notada, há mais viúvas do que viúvos sós!

A razão é simples. A maioria dos homens, quando viúvos, tem uma reação diferente da mulher. As mulheres, por vários fatores, ficam um tempo maior sozinhas ou até pelo resto da vida, principalmente, quando são mães e têm filhos menores/adolescentes. Desejam, primeiramente, criá-los, para depois, se possível, pensar em um novo relacionamento e, muitas vezes, acabam por se acostumar a viver sem um companheiro, se acomodam.

Outra condição é que, quando viúvas e com filhos menores, elas costumam não cogitar de colocar alguém estranho dentro de sua casa.

Já o homem viúvo tem muito mais dificuldade de viver sozinho, muitas vezes, pelas situações de readaptação elencadas anteriormente, e muitos até mesmo por não conseguir ficar sem uma companheira, seja para preencher suas necessidades (biológico-afetivas, quanto à sexualidade) ou até mesmo para compartilhar a rotina de casa.

Nesta situação, muitos recém-viúvos atropelam seu luto e rapidamente, após a morte da esposa, começam a fazer suas investidas em outra pessoa.

O que pode acontecer, nesses casos, é entrar precipitadamente em outro relacionamento sem estar preparado emocional, psicológica e até estruturalmente, acabando, não raro, em fracassos e tentativas frustradas.

O ser humano é adaptável. Com um pouco de inteligência, de esforço, consegue readaptar-se e procurar outra companhia, e, depois de passada a fase mais difícil e vencido o luto, é bom que busque um novo relacionamento, que, com certeza, se efetuará de forma mais equilibrada e com maior chance de dar certo.

Mas uma opção tem que ser levada a sério e com muito discernimento: a de ficar só, sem outra companhia. Essa decisão tem que ser apenas da própria pessoa. Pode-se escutar conselhos, mas nunca se deve ficar sozinho por pressão, por chantagem dos filhos. É muito comum os filhos, principalmente, os maiores e, às vezes, já até casados, pressionarem veemente ou até de forma discreta, para que o pai ou a mãe (principalmente no caso da mãe) não se envolvam com outra pessoa. É fácil entender isso, num primeiro momento, pois há certo ciúme, insegurança. É preciso administrar a situação, mas isso tem que ser passageiro, pois os viúvos têm todo o direito de, depois de superado o luto, retomarem sua vida com outra pessoa, se assim desejarem.

Algum tempo atrás, conheci uma viúva. Na época ela tinha 50 anos de idade, há cinco tinha perdido o marido, ou seja, quando ele faleceu, ela estava com 45 anos. Ela tem dois filhos, ambos casados. Depois de cinco anos, apareceu uma pessoa na sua vida, por quem ela se apaixonou, dando início a um relacionamento. Começou aí seu martírio. Um dos filhos dizia coisas indevidas para ela, fazendo pressão, inclusive não levando o neto para visitá-la. Vale ressaltar que ela teve um casamento de vinte e cinco anos, numa relação que poderíamos conceituar de razoável para ruim e, então, ela me disse que, mesmo estando feliz como nunca, preferia encerrar o namoro a ver o filho com raiva dela e ser impedida de conviver com o neto. Conversei com ela, fiz uma ponderação e lhe disse que, se ela chegasse aos 60 anos sozinha, ou seja, dez anos à frente, por opção e decisão somente dela e feliz com isso, ótimo. Mas se, com sessenta anos, ela estivesse sozinha por pressão dos filhos, com certeza não iria estar feliz.

Levando em conta que a idade passa para os filhos, que seu filho poderia dar-lhe mais netos, que ele poderia mudar de cidade, e tantas outras coisas, e ela como ficaria? Enfim, depois de algum tempo, encontrei ela na rua, e continuava com o companheiro por quem ela se apaixonou e, pelo que me disse, estavam vivendo felizes.

Os viúvos e as viúvas, a partir do momento em que conseguem superar o luto e sentem necessidade de uma companhia, e não apenas para uma determinada situação, devem ser incentivados, com prudência e discernimento, a irem em busca de alguém.

E, quando falo em buscar um companheiro, num primeiro momento, quer dizer se preparar e ter a certeza de que ninguém irá substituir aquele que partiu. Ninguém é igual a ninguém. A outra pessoa que entrará na sua vida terá, assim como você (e seu cônjuge), virtudes e limitações, carregará, também, uma história de vida.

Devemos, em primeiro lugar, nos entregar a Deus que, com certeza, sabe de todas as nossas necessidades e que nos mostrará o caminho a seguir. Se nesse caminho houver a possibilidade de encontrar outra companhia, será possível recuperar muito do que se perdeu ao ficar só, ou seja: parceria, cumplicidade, partilha, alegrias, lágrimas, oração, vida social, tarefas, enfim, a possibilidade real de se voltar à vida e, principalmente, à vida que o próprio Jesus nos promete em João 10,10: "Eu vim para que todos tenham vida, e a tenham em abundância".

Texto bíblico

Ler Lucas 10,38-41.

Para reflexão

- Consigo definir a importância de cada uma destas irmãs: Maria e Marta?
- Como posso administrar o "novo" em minha vida?

Vencendo a solidão

Ceci Sendas

Viúva de Paulo, mãe de 2 filhos e avó de 4 netos. Mora em Governador Valadares (MG). Formada em Letras e pós-graduada em Pastoral Familiar. Foi coordenadora da Pastoral Familiar no Regional Leste 2 (MG/ES), do Núcleo de Formação da Pastoral Familiar Leste 2. Colaborou até recentemente com as edições do *Hora da Família*.

Hoje, após quase três anos de viuvez, consigo ver, analisar e sentir o que vivi durante esse período, sem ficar triste. Cada pessoa tem seu tempo de luto. Para mim, esse período durou em torno de dois anos, quando me sentia cada vez mais só, chegando a desenvolver uma depressão, por não saber como agir adequadamente para enfrentar minha nova vida.

No primeiro mês, envolvida com as visitas, os aspectos legais e o trabalho, nem dei conta de vivenciar plenamente a realidade. Parecia que estava anestesiada pelos remédios psiquiátricos que me foram receitados ainda durante os sessenta últimos dias de vida de meu marido, quando já estava precisando de ajuda.

Nos meses seguintes, quando o tempo foi passando, as visitas cada vez mais raras e a realidade foram tornando-se concretas e dolorosas. Eu me sentia mal, cada dia mais abandonada, sem ânimo para aceitar os convites dos amigos, e preferia sempre ficar em casa. Assim vivendo, as consequências vieram. Quando um dia necessitei sair para ir ao médico, meu carro, que ficou sem sair da garagem, parado por um bom tempo, recusou-se a funcionar. Chamei um mecânico, que não encontrou outro defeito a não ser falta de uso. Isso foi para mim uma lição: eu, assim como meu carro, estava enferrujando. Eu não estava vivendo a vida com que Deus nos presenteia todos os dias. Daí, vi que tinha que aprender, tinha que mudar meu comportamento. Aceitei o convite de uma amiga para participar do Grupo de Mulheres Intercessoras, que se reúnem quinzenalmente e, durante esse tempo, como dever de casa, fazem exercícios espirituais diários. Para mim, foi um grande passo, pois falávamos sempre pelo WhatsApp e, nas orações escritas, apresentava para Deus todos os meus momentos ruins. Aquilo me fazia sentir melhor.

Uma frase que li sobre a viuvez de Santa Rita também me ajudou bastante: "Ao estar sozinha, não se deixou vencer pela tristeza e pelo sofrimento". Apoderei-me desse pensamento e, toda vez que me sentia só, me confortava com o exemplo da santa.

Minha vida continuava entre dias bons e dias não muito bons, mas a dor e a solidão ainda se mostravam muito presentes e a saudade sempre aumentava. Para me fazer companhia, ganhei, como presente da minha tia, um cachorrinho da raça *chihuahua*. Os netos amaram aquele animalzinho de quatro meses, pesando menos de um quilo. Foi uma festa escolher um nome para ele. Depois de muitas sugestões, o nome Little King foi escolhido por ele ser muito pequeno e porque passou a ser o rei da casa. Ele era conhecido por todos que frequentavam minha casa e nós nos entendíamos muito bem. Era como se ele entendesse tudo o que eu falava, e eu também sempre sabia o que ele queria. Fizemos uma grande amizade que durou apenas dois anos, pois, quando minha secretária que há vinte e cinco anos trabalhava conosco e cuidava de tudo na casa aposentou-se, ficando apenas o Little e eu, a situação se complicou: ele se apegou muito a mim e, quando eu saia, ele chorava e eu também. Quando eu viajava, ficava pior ainda, pois ele entrava em depressão. Vi que estava na hora de doá-lo a alguém, e assim o fiz. Atualmente, tenho com a atual dona dele um trato de guarda compartilhada: ele sempre vem passar alguns dias comigo, faz a festa. Continuamos ótimos amigos e, quando ela quer viajar, ela já sabe que ele ficará muito bem acolhido comigo.

Ainda sentia muita solidão em momentos que precediam datas importantes como Dia dos Namorados, quando sempre ganhava flores. Eu e meu marido comemoramos a data durante os quarenta e cinco anos de vida conjugal, além de datas de aniversário, Dia dos Pais, Dia das Mães e, principalmente, o dia de nosso aniversário de casamento, que comemorávamos viajando em lua de mel. Nessas datas, eu ficava muito triste por estar sozinha, mas, depois, passei a agradecer a Deus pelo tempo que vivemos juntos. Tivemos muitos momentos felizes e estes ficaram marcados no meu coração.

Outra situação que me deixou muito mal foi a morte repentina de minha melhor amiga. Era também viúva e trabalhamos muito tempo juntas na Pastoral Familiar, preparando material de estudo para os agentes pastorais, como textos, *slides* e implantação nas paróquias e dioceses, algo que durou mais de cinco anos, com viagens para atender a demanda de formação na nossa diocese e também em nosso regional e em algumas regiões do Brasil. Ficamos muito próximas e, ao ficar viúva, ela foi quem mais me deu suporte, tirando-me de casa para continuar minha vida pastoral. Era como uma irmã para mim, uma amiga de todas as horas. Ela ficou doente e, em pouco mais de dez dias, veio a falecer. Essa foi outra perda que me doeu muito e que sinto até hoje.

Em janeiro de 2016, fui participar de uma confraternização de cinquenta anos (bodas de ouro) da minha turma de colégio. Muitas pessoas já tinham falecido, algumas estavam incapazes. Poucas não compareceram e a maioria já tinha sinais de velhice, inclusive eu. Ao saber que, desse grupo, apenas eu ainda trabalhava, levei um susto! Senti que meu tempo já tinha passado há muito e eu não tinha percebido! Trabalhava há mais de cinquenta anos sem perceber! Fiquei chocada! Ao chegar em casa, a primeira coisa que fiz foi ligar para os filhos, comunicando que não iria trabalhar mais. Deixar meu trabalho me levou ao chão. Meu maior erro foi não ter planejado esse passo. Sem nada para fazer e sozinha em casa, a solidão virou depressão. Não tinha nenhum motivo para levantar da cama. Para fazer o quê? Aí vi quão ruim era não trabalhar! Nunca pensei que algum dia fosse sentir tanta vontade de trabalhar! Sentia-me sempre em noite escura. Nunca o sol aparecia.

Foi então que Jesus me disse: "Sem mim, nada podeis fazer" (Jo 15,5). Procurei meu confessor, que me escutou calmamente e, depois, me mostrou que eu havia tomado uma decisão sem planejar o que iria fazer para ocupar o tempo do trabalho. Ele me aconselhou, dizendo que uma pessoa da minha idade tinha direito ao lazer também. Que eu deveria, então, planejar minha nova vida, preenchendo-a com exercícios físicos e outras atividades, de forma a ocupar o tempo livre. O que me estava fazendo mal era não trabalhar nem fazer nada. Posteriormente, fui convidada para servir como ministra da Eucaristia e para a Pastoral da Saúde. Procurei, então, seguir esse caminho.

Construí um novo projeto de vida, onde programei a parte da manhã com exercícios físicos, leituras, exercícios que trabalham com a mente, como palavras cruzadas e sudoku. Depois saio para almoçar fora. À tarde, depois de tirar um cochilo, estudo um pouco e, à noite, realizo reuniões com os diferentes grupos de que faço parte. Viajo sempre que posso e, algumas vezes, convido amigos para um encontro em casa.

Como estava esquecendo muito as coisas, procurei orientações de uma geriatra, que está ajudando muito na minha recuperação, e o luto foi ficando para trás.

Hoje, tenho saudade das coisas que perdi, mas sem tristeza, sem dor. Eu me ocupo com diversas coisas e muitos trabalhos voluntários. Tenho o apoio da família e dos amigos.

Não podia deixar de relatar uma situação que fez muita diferença na minha viuvez. No nosso grupo de viúvos, numa troca de vivências, falou-se sobre o uso de alianças por pessoas viúvas. Quando casamos, nosso juramento é: "até que a morte nos separe". Isso tem uma conotação muito forte; quando se está viúvo, não há sentido mais no uso da aliança. Essa aliança não lhe pertence mais. O apego faz com que você não tenha coragem de retirá-la. Para mim, foi muito doloroso ter que tirá-la de meu dedo, depois de quarenta e seis anos de uso. Chorei muito ao retirá-la, mas esse ato me fez saber que aquela vida não existia mais. A aliança não me pertence mais. Minha vida agora é outra. Tenho que encarar minha nova realidade. Viver minha nova vida intensamente. "Ser a favor da vida e não da morte".

Texto bíblico

Ler João 15,1-17.

Para reflexão

- Que motivos nos afastam de Deus e do próximo?
- Como construir suportes de relacionamentos que nos amparem em momentos de solidão?

A necessidade de recomeçar mesmo sem forças suficientes

Eli Paschenda

Viúva de Rodolfo, mãe de 2 filhos e avó de 2 netos. Mora em Curitiba (PR). Formada em Geografia. Foi coordenadora da Pastoral Familiar Regional Sul 2 (PR) e coordenadora do Encontro Matrimonial Mundial das Dioceses de Ponta Grossa e Curitiba. Com seu esposo escreveu o livro *Dicas para dinamização da pastoral familiar*, disponível no SECREN.

Às dezoito horas, do dia 24 de maio de 1969, ao som do badalar dos sinos da Igreja Nossa Senhora da Imaculada Conceição, depois de dois anos e meio de namoro, Rodolfo e eu entrávamos na Igreja para unir nossas vidas pelos laços sagrados do sacramento do Matrimônio. Era a realização de nosso sonho, acalentado com muito carinho. Foi um dos dias mais felizes de nossas vidas, o dia de nosso casamento.

Rodolfo significava muito para mim. Eu o amava e esperava que pudéssemos dar continuidade ao namoro, só que agora casados.

Dessa união nasceram dois filhos: José Augusto e Luís Alberto, presentes de Deus para nossa vida.

Deus nos concedeu vivermos, amparados pelo nosso sacramento, entre risos e lágrimas, alegrias e tristezas, saúde e doença, por quarenta e três anos. Rodolfo foi tudo para mim: o companheiro, o amigo, o amante e o cúmplice. Até que dia 12 de junho de 2012, Rodolfo partiu para a casa do Pai, para sua morada eterna.

Após o sepultamento, chegando em casa, me senti perdida. Era a primeira vez que chegava sem o Rodolfo, e sabendo que ele não voltaria. A casa me parecia triste, fria, enorme. E agora, o que eu faria, como iria continuar? Era como se eu estivesse em um redemoinho, tudo girava e nada fazia sentido. Tinha a sensação de que estava só, como se todos me tivessem abandonado no momento em que mais precisava, apesar de estar com meus filhos e minha nora.

De repente, sem esperar que eu estivesse pronta, começaram a aparecer as obrigações sociais, todas aquelas coisas que devemos fazer e que nos chamam à nova realidade.

Tenho que providenciar meu novo estado civil. O que é isso? Nunca ouvi falar. Preciso desse documento para dar início a todas as providências necessárias. Ah, agora já sei o que é! O cartório fez uma anotação na minha certidão de casamento: estado civil *"viúva"*.

Era necessário começar a tomar providências quanto ao inventário, pois, se isso não for feito, paga-se multa. É a conta bancária, é..., é..., é...

Graças a Deus, para todas essas coisas tive apoio de meus filhos, que me ajudaram em tudo. Sem eles, eu não conseguiria. Suas cabeças pensantes, raciocínio rápido e ágil, facilitaram muito as tomadas de decisões.

A existência é tão frágil, o que realmente importa é eternizar os momentos ao lado de quem amamos. A dor do luto é inexplicável. É uma dor profunda, um sentimento de vazio que nada consegue preencher.

Como todas as pessoas, vivi o vazio, a dor da saudade e da ausência, mas houve um momento em que tomei consciência de que não adiantava ficar sofrendo ou lamentando, pois quem morre, ressuscita. No momento dessa tomada de consciência, acredito ter acontecido para mim o sepultamento existencial, algo que todos os enlutados precisam fazer.

A vida é uma grande viagem de volta para a casa do Pai, estamos constantemente nos dirigindo para a morada eterna, onde esperamos definitivamente pelo convívio com Deus.

Conscientizei-me de que nada que fizesse mudaria a situação, era definitivo. Ele era de Deus e estava bem junto dele, e eu precisava continuar minha vida. Afinal, ele havia cumprido a missão dele e eu ainda teria que terminar a minha.

Uma bela oração conhecida me ajudou muito: "Senhor, dai-me força para mudar o que pode ser mudado... Resignação para aceitar o que não pode ser mudado... E sabedoria para distinguir uma coisa da outra".

Aos poucos, fui tomando algumas decisões. Não queria continuar morando naquela casa enorme, e decidi que a venderíamos. Hoje moramos em um apartamento, onde, além de me sentir mais segura, posso ficar sozinha, permitindo que meu filho mais novo, que mora comigo, possa ter liberdade para dar seguimento à vida dele.

As recordações diárias que tenho do Rodolfo e de tudo que vivemos juntos, já não me trazem sofrimento. Costumo dizer que é uma doce lembrança. Tenho fé. Acredito na ressurreição e, aos poucos, vou administrando dentro de mim essa perda e dando continuidade a minha caminhada.

Existem animais que têm uma capacidade de regeneração muito grande. Quando perdem um pedaço de seu corpo, com pouco tempo, conseguem refazê-lo. E nós também podemos regenerar-nos afetiva e espiritualmente. Através da fé e do amor, vamos sendo regenerados.

Assumi meu lugar, saí da plateia e subi ao palco, tornando-me a atriz principal da minha vida. Busquei novos objetivos, novas metas, novos ideais, novos sonhos que mudassem o curso da minha existência.

Passeios, viagens fazem parte do meu cotidiano. Continuo participando das reuniões com um grupo de casais, já estamos juntos há mais de trinta anos. Retomei o jantar mensal em minha casa, com amigos, que fazíamos há muitos anos.

Estou feliz por fazer parte de um grupo de viúvas e viúvos. Já nos conhecíamos, quando trabalhávamos na Pastoral Familiar, ainda com nossos esposos e esposas.

Alguém já disse que: "Saudade é o amor que fica". Saudade é a força para continuar a caminhada de cada dia, mesmo sem energia suficiente.

Textos bíblicos

Ler Mateus 11,28 e Salmo 23,4.

Para reflexão

- Como está sua vida atualmente, em relação às suas perdas?
- Quais foram suas decisões de mudança?
- Continua sentindo que Deus está próximo de você?

Abraçando a dor

Angela Guenka

Viúva de Eduardo, mãe de 5 filhos e avó de 10 netos. Mora em Sorocaba (SP). Teóloga. Professora do Curso Livre de Formação Teológica e Pastoral. Foi coordenadora da Pastoral Familiar na Arquidiocese de Sorocaba, coordenadora nacional do INAPAF e atualmente coordenadora do NUFESP – do Regional Sul 1. Colaborou até recentemente com as edições do *Hora da Família*.

Eu inicio me perguntando: O que significa reorganizar? Penso que seja tornar a organizar algo, fazer uma revisão. Organizar novamente. Organizar de forma diferente. Sim, quando a viuvez bate em nossa porta, nossa vida pede numa nova organização. E essa nova organização vai depender de vários fatores, sejam eles de ordem pessoal, física, psicológica, econômica, social, cultural ou religiosa.

Segundo Freud, durante o processo do luto a pessoa vai diminuindo sua energia de forma gradual, até entender que deve enfrentar a realidade da perda e desvincular-se da pessoa falecida. É fácil? Claro que não, mas há a necessidade de, gradualmente, o enlutado ir quebrando os laços com a pessoa falecida. Trabalhar o luto, quebrar os laços, significa confrontar as emoções e os sentimentos associados à perda, que inclui falar sobre aspectos relacionados à pessoa falecida (chorar a morte, expressar tristeza ou saudade, falar sobre as circunstâncias da morte).

É necessário que o enlutado tome consciência da necessidade de assumir o desapego da pessoa, adquirindo liberdade para dirigir e reorientar suas emoções e sua atenção para outras coisas, nomeadamente, para outras e novas relações.

É de suma importância que a pessoa enlutada, através da fé, trace uma meta a partir de sua prática, organizando um plano espiritual diário, que irá ser o sustento para enfrentar os desafios. Que tome consciência de que agora, como viúva ou viúvo, ele ou ela deve iniciar uma nova etapa de vida. Que cada dia será um novo dia e que apresentará novos desafios diários. Se o marido faleceu, ou a esposa, dependendo de sua relação com esse ente perdido, precisará ir se adaptando aos poucos e revendo suas atitudes e tomadas de decisões.

Partindo de minha experiência de vida matrimonial estável, em fase de grande desenvolvimento afetivo na linha da confidencialidade, do companheirismo e de revisão de vida, a ruptura, a perda de Eduardo causou em mim um impacto enorme. Não só a ausência, mas também ter de tomar decisões sozinha, dormir sem companhia, preparar meu café diário, sendo que era ele que o fazia, se revelaram como momentos doloridos e de grande desafio. Faz dois anos que estou nessa nova etapa de minha vida – a viuvez. E me pergunto a todo momento, o que devo fazer, como fazer e quando fazer tudo o que competia a nós dois e que agora compete somente a mim.

Foi e está sendo difícil enfrentar isso, mas não impossível, pois o meu Deus é o Deus do impossível, creio firmemente nisto. Como pessoa engajada na vida de comunidade, fui retomando pouco a pouco minhas incumbências. E o que me manteve de pé todos os dias, após a perda traumática de meu marido (ele foi assassinado no jardim de nossa casa e caiu já morto em meus braços, sem dizer uma só palavra), foi e está sendo minha vida intensa de oração, de participação diária na Eucaristia, bem como servir minha família, que é numerosa: cinco filhos casados, noras, genros e dez netos. E, para alegrar nossos dias, minha filha mais nova teve a graça de conceber uma linda menina que está sendo a alegria geral de toda a família.

A união de todos, o apoio dos amigos e companheiros de caminhada na comunidade têm sido o esteio de sustentação de todo este processo que venho fazendo para superar a perda tão dolorida e traumática, sofrida por mim e por nossa família.

Tenho momentos de grandes alegrias, e outros de tristeza. Choro ainda de vez em quando, mas logo levanto a cabeça e dirijo meu olhar para cima e lembro que meu Deus é o Deus Amor. Que ele me ama e me quer em pé, servindo a meus irmãos mais próximos, que são: minha família, meus amigos e os trabalhos pastorais que amo desenvolver na Igreja de Jesus Cristo.

Sempre que encontro amigos e que me perguntam como estou, procuro sempre responder: "Estou aprendendo a viver esta nova etapa de minha vida". Não esqueço nunca as palavras do Evangelho de São Lucas 12,48, onde Jesus adverte: "a quem muito foi dado, muito será cobrado". E, a mim e a meu marido Eduardo foi dado muito, Deus nos agraciou o tempo todo dos quase sessenta anos que vivemos juntos, entre namoro, noivado e casamento. Filhos lindos e saudáveis que conseguimos, com muito amor, criar, educar, amar, aceitando os desafios das várias etapas de vida de cada um. Hoje, todos eles têm família constituída, educam seus filhos e enfrentam desafios, assim como se deu comigo e o Eduardo.

Já consigo falar de meu marido em alguns momentos, sem aperto no coração, das coisas boas que nos ensinou, recordar palavras ditas por ele para nos ensinar e orientar em vários momentos. Recordações que brotam de dentro de nosso coração com sentimento de alegria, tranquilidade e que trazem segurança, pois ele sempre foi uma pessoa ponderada e equilibrada, que me fazia rever atitudes e decisões que deveríamos tomar. Sinto muito a falta dele, pois era meu filtro em todas as tarefas que exercíamos juntos nas pastorais, o que devíamos falar e o que eu devia escrever em nossas comunicações periódicas. O espírito de partilha e discernimento entre nós era muito grande.

Costumo dizer que combinávamos muito bem, porque ele, tranquilo, calmo e sereno, temperava meu gênio exageradamente dinâmico, que muitas vezes me levava a dizer palavras impensadas e só depois perceber que não eram as mais adequadas. Expressava minhas ideias muito rapidamente e, só depois, notava os erros cometidos. A temperança entre nós era feita por ele, por isso, hoje sinto uma falta tremenda do seu sorriso calmo, do seu olhar sereno, que me dizia: "Calma, querida, vá devagar, não diga isso, fica melhor assim...", e por aí afora. E, ainda hoje, continuo mantendo o lema de vida que escolhemos e que está em 1 Coríntios 10,31: "Quer comais quer bebais ou façais qualquer outra coisa, fazei tudo para a glória de Deus".

Também me traz muita força 2 Coríntios 12,10: "Eis por que sinto alegria nas fraquezas, nas afrontas, nas necessidades, nas perseguições, no profundo desgosto sofrido por amor de Cristo. Porque quando me sinto fraco, então é que sou forte". Poderia citar tantos versículos que me sustentam, mas encerro com este último da carta de São Paulo aos Filipenses 4,13: "Tudo posso naquele que me conforta".

Texto bíblico

Ler Filipenses 4,1-9.

Para reflexão

- Você tem um lema de vida?
- Qual ou quais versículos (citações) são marcantes em sua vida?
- Você está próximo de Deus? Seu coração está aberto para receber as graças de Deus?

Ser feliz mesmo com os desafios

Luiz Ramalho

Viúvo de Elizabete, pai de 1 filha. Mora em João Câmara (RN). Técnico em Segurança do Trabalho. Eletricista. Formado em Teologia para Leigos. Foi catequista na Paróquia de Santa Rosália em Sorocaba-SP e membro da Comissão de Catequese da Arquidiocese de Sorocaba-SP.

Imaginem viver trinta e dois anos, sete meses e dezesseis dias de união sacramental, além dos dez anos em que namoramos e noivamos, para depois nos unirmos em matrimônio.

Vivemos muitas alegrias e éramos cúmplices um do outro. Porém, tivemos também muitas discórdias, divergências de ideias, mas, sempre através do diálogo, de nossa fé na Palavra de Deus e de nosso sim a ele, conseguíamos nos entender. Tivemos, também, muitas tristezas, mas, pela oração e pelo amor um ao outro e a Deus, superamos e passamos tudo juntos para alcançar o Reino de Deus.

Ainda que tivéssemos essa vivência de amor a Deus, não escapamos de enfrentar a notícia de que minha esposa Elisabete possuía uma doença muito grave, e que teríamos de lutar juntos, eu e nossa filha, família e todos os nossos amigos.

Em maio de 2016, Deus a levou para junto dele, deixando-nos sem a sua presença ao nosso lado. Ela nos ensinava, com toda humildade, sua fé, amor, carinho, não só por nós, mas por todos aqueles que se aproximavam dela e pediam sua ajuda e conselho.

Ao tomar consciência de tudo o que estava acontecendo, Elisabete iniciou um processo de aprendizado a respeito de como minha filha e eu, principalmente, deveríamos agir quando ela não estivesse mais presente. Ela sempre foi uma grande mulher, e também ótima mãe e esposa, e, além de tudo, me ajudava muito em todos os meus compromissos na Igreja, apoiando-me e dando sua opinião.

Ao ver que tudo estava como tinha planejado e conversado com Deus, este começou a nos mostrar que estava chegando a hora de ela partir. Mas você pode estar se perguntando: Como ele percebeu tudo isso? Foi quando me veio uma luz de que precisava levar um sacerdote para o sacramento da Unção dos Enfermos, e o fiz. Alguns dias após ter recebido o sacramento, ela partiu para ficar ao lado de Deus, Jesus Cristo e Maria, de quem ela sempre foi muito devota e pela qual tinha muita fé.

Com todos os problemas de saúde que vivemos em trinta meses, nunca deixamos, nem eu e nem ela, de viver nossa vida de cristãos, sempre participando da Igreja intensamente.

Quando ela partiu, aí, sim, pude dar meu testemunho de amor e de fé no Evangelho e nas leis de Deus e nos ensinamentos de Nosso Senhor Jesus Cristo.

Passados alguns meses, posso falar que sinto falta da presença de minha esposa ao meu lado, mas, como um cristão perseverante, vivo cada dia buscando e experienciando Deus cada vez mais. Tudo o que aprendi e aprendo com a Palavra de Deus e ensino na catequese que desenvolvo, continuo a viver, fielmente. O próprio Jesus nos ensina: "tenhas fé".

Como ser feliz?

Com todos os meus problemas e desafios, tenho certeza de que Deus está ao meu lado, como sempre, e também minha esposa, e que eles intercedem por mim todos os dias.

Não podemos esquecer e temos que acreditar em tudo o que nosso Jesus Cristo nos ensina cada dia de nossa vida. Aqui, somos passageiros, por isso procuro ser feliz com todos os desafios que vêm ao meu encontro. A nossa fé nunca pode ser abalada. Temos que crer e professá-la sempre diante do Evangelho. Garanto a todos que nós sempre viveremos felizes, porque Deus nunca nos abandona, e ainda temos nossa comunidade que nos apoia, acolhe. E, pela nossa fé, servimos até de exemplo para as outras pessoas.

Então, afirmo para vocês: é difícil, mas com nossa confiança em Cristo e em Maria e nossa vivência de suas palavras, podemos ser felizes, alegres, e transmitir isso a nossos irmãos que nos procuram: "Eu vos dou um novo mandamento: amai-vos uns aos outros. Como eu vos amei, assim também vós deveis amar-vos uns aos outros. Nisto conhecerão todos que sois os meus discípulos: se vos amardes uns aos outros" (Jo 13,34).

Texto bíblico

Ler João 14.

Para reflexão

- É esse amor e esse crer dos quais Jesus fala que tenho perseguido? Ou carrego temores que me impedem de viver esse amor?
- Creio que Jesus é o Caminho, a Verdade e a Vida?

As dificuldades e a superação diante de uma separação

Vérci Armelin

Divorciada, mãe de 2 filhas e avó de 5 netos. Mora em Sorocaba (SP). Membro da Pastoral Familiar da Arquidiocese de Sorocaba e membro na Paróquia São José do Cerrado e da Irmandade de São José em Sorocaba.

Em julho de 1989, saímos de férias, meu marido, filhas, enfim, toda a família.

Em agosto ele completou 40 anos, e fizemos uma festa maravilhosa. Em setembro, ele diz que está apaixonado por outra mulher e nos abandona. Saí para trabalhar e levar as crianças para a escola. Quando voltei, não encontrei nenhuma peça de roupa dele ou quaisquer objetos pessoais. Começaria, então, uma busca incessante por ele em hotéis, hospitais, no trabalho. Ninguém sabia nem tinha visto ou ouvido dizer nada sobre ele. Nuvens escuras começaram a fazer parte de nossa vida. Quando anoiteceu, as crianças começaram a chorar e diziam: "Onde o papai está, eu não sei viver sem ele. Onde ele está?". E eu não tinha respostas a dar a elas.

Quando as buscas se mostraram todas infrutíferas, meu cunhado chegou com a notícia de que ele havia telefonado dizendo que estava em "lua de mel" com a outra mulher. E... como contar para nós? Quase morri de dor e desespero. E, quando voltou, após vinte dias, eu estava "separada", pois não existia divórcio na época. Ninguém podia me ajudar!... Minha mãe ficou conosco por seis meses, pois estive próximo de ficar louca. A depressão, insegurança, medo, tomaram conta de nós três, eu e minhas duas filhas. Bati o carro dez vezes, e as crianças tinham medo de andar comigo ao volante.

A depressão atacou-me de forma violenta, chorei durante três anos e tinha uma dor centralizada no estômago. Foram anos de luta e adaptação, sofrendo preconceitos. Tinha vergonha da minha situação de "separada".

Quando minha filha fez onze anos, era época da Primeira Eucaristia. Ela dizia que não poderia receber Jesus, pois odiava o pai e todos os homens. O padre da minha comunidade nos chamou para conversar e nos disse: "Mãe e filha, peçam a Jesus que lhes deem a graça do perdão; que ele a conceda quando quiser, onde quiser, do jeito que ele quiser!". Esta conversa acalmou os nossos corações, mas nossa luta continuou, quando ficaram adolescentes. Elas queriam tudo a que estavam acostumadas, passeios, viagens, roupas de boa marca. Porém, nossas vidas haviam mudado radicalmente. Vivíamos do meu pequeno salário de funcionária pública e da pensão.

A minha filha mais velha resolveu ir trabalhar aos 14 anos. E minha caçula, que é filha do coração, possuía o trauma do abandono duplamente, um com o abandono da mãe biológica, e, aos 8 anos, viveu tudo novamente com o pai adotivo. Com isso, tornou-se uma adolescente difícil, que não estudava, não trabalhava, só se envolvia com maus elementos. Levei-a a psicólogos e psiquiatras e eles diziam que ela era uma pessoa limitada e que, se chegasse a completar a oitava série, eu deveria me dar por satisfeita. Porém, quando fez 21 anos, resolveu tomar rumo na vida, foi fazer faculdade de enfermagem e se formou.

Por ter passado tanto sofrimento, acabei adquirindo um câncer de intestino. Digo isso porque não tinha características genéticas para adquirir um câncer. Conforme opinião médica, essa doença chegou devido a uma tristeza e angústia profunda, que, depois de um ano, transformou-se num transtorno depressivo. Essa depressão muito profunda, que durou muito tempo, poderia gerar uma úlcera, gastrite ou um câncer. Depois de três anos com esse transtorno, empreendi uma luta pela sobrevivência e fui submetida a uma cirurgia de alto risco. Depois de seis meses de quimioterapia, sobrevivi, sempre com Deus em minha vida.

Hoje, minhas filhas estão casadas, tenho cinco netos e sou feliz.

Passado algum tempo, depois de todas as dificuldades, havia necessidade de superação!

Morava em um casarão que estava hipotecado com empréstimo pessoal do meu ex-marido. Não conseguia vender, mas, como as coisas acontecem por Deus, uma construtora se interessou e derrubou tudo, juntamente com todo o meu sofrimento, dor e angústia – tudo enterrado!!! No local foi construído um prédio, e ganhei direito a minha moradia atual. Com isso, tenho uma vida nova e me sinto segura.

Hoje, estou aposentada e trabalho no escritório de advocacia do meu genro. Sou *office-mãe* – faço de tudo. O que torna minha vida prazerosa, além do trabalho, é o gosto de viajar e, em cada viagem, comprar vestidos coloridos, porque na época da depressão usava tudo preto... fiz uma mudança radical.

Com essa partilha, desejo, de coração, que pessoas que estejam passando por situações semelhantes possam superar suas dificuldades.

Tenho certeza que Deus fez maravilhas em minha vida.

Texto bíblico

Ler os Salmos 70 e 144.

Para reflexão

- Como superar as dificuldades de uma separação?
- Como tornar a vida prazerosa depois de uma perda?

Consolar os aflitos

Eli Paschenda

Viúva de Rodolfo, mãe de 2 filhos e avó de 2 netos. Mora em Curitiba (PR). Formada em Geografia. Foi coordenadora da Pastoral Familiar Regional Sul 2 (PR) e coordenadora do Encontro Matrimonial Mundial das Dioceses de Ponta Grossa e Curitiba. Com seu esposo escreveu o livro *Dicas para dinamização da pastoral familiar*, disponível no SECREN.

A palavra "consolar" significa aliviar, ou tentar aliviar, a dor, o sofrimento, a aflição de outrem, com palavras, recompensas, promessas etc. É levar conforto aos corações.

Consolar os aflitos é uma maravilhosa obra de misericórdia espiritual. E onde iremos encontrar um exemplo, um modelo para realizarmos essa missão tão preciosa?

Penso que o melhor modelo a ser seguido é o de Maria: doce, silenciosa, atenciosa e carinhosa. Ninguém melhor que ela sabe identificar e se aproximar daqueles que necessitavam de consolo. Saber identificar um aflito é tarefa que exige de nós desprendimento, coragem e amor, e, em Maria, podemos encontrar a graça de que precisamos, para estarmos junto daqueles que estão gemendo e chorando no vale de lágrimas e volvermos nossos olhos para eles e mostrar Jesus.

Consolar os aflitos é nos colocarmos ao lado do outro, com humildade e carinho, tentando indicar-lhe um novo caminho. Isso requer esquecer-se de si e voltar-se para quem está em aflição, para sentir suas alegrias ou suas dores, percebendo seus sentimentos e suas necessidades.

Quando esquecemos um pouco de nós mesmos e nos voltamos para o outro, conseguimos aliviar nossas próprias dores.

Consolar os aflitos é uma atitude cristã que não deve faltar a ninguém principalmente no momento de uma perda, como nos diz, na Exortação *Amoris laetitia*, o Papa Francisco, no capítulo VI, n. 253: "não podemos deixar de oferecer a luz da fé para acompanhar as famílias que sofrem em tais momentos. Abandonar uma pessoa atribulada por uma morte seria uma falta de misericórdia...".

A morte de um ente querido, por mais dolorosa que seja, não nos deve prostrar para sempre. Nossa fé nos dá forças para superar a dor, a tristeza e levar a vida em frente.

A morte de alguém é ainda mais triste quando se tem dela uma visão errônea. Na visão da fé, a morte não é a última palavra. A última palavra é a vida eterna. Morrendo, acabamos de nascer e podemos ter nosso encontro afetuoso com Deus.

Com uma morte ou com uma perda, algumas pessoas desanimam, perdem o gosto de viver e entram em um momento de profundo desânimo e, algumas vezes, até se revoltam contra Deus. Para alguns, o processo é mais rápido, para outros, um pouco mais demorado. O importante é enfrentar a situação, não negar o luto, pois a dor precisa ser vivenciada.

Mas precisamos aprender a lidar com a dor. Há situações em nossa vida que, embora dolorosas, podem ser superadas. Nas situações que são irremediáveis ou irreversíveis, não adianta lutar, sofrer ou até adoecer. É preciso aceitá-las e dar-lhes um sentido. De tudo na vida deve-se tirar uma lição, um aprendizado.

Viver com otimismo e gratidão é o grande remédio para curar a dor do coração.

Quando nos dispomos a consolar os aflitos, devemos ter bem clara a diferença entre "ouvir" e "escutar", para assim podermos realizar bem nosso trabalho.

Ouvir é algo mecânico, como, por exemplo, quando ouvimos a buzina de um carro, nós apenas ouvimos e continuamos o que estávamos fazendo, isso não nos afeta. Já quando realmente *escutamos*, nossa atitude é diferente, nos envolvemos, nos deixamos afetar com o que nos está sendo dito.

E muitas coisas podem atrapalhar essa nossa escuta, quando antepomos preocupações, distrações, pensamentos. Ou, ainda, quando acreditamos que já sabemos o que o outro quer nos dizer; quando escutamos preparando a resposta; quando escutamos só os fatos; quando escutamos somente as palavras ou quando queremos solucionar os problemas.

Enquanto a pessoa está falando, vou analisando sua mensagem e preparando minha resposta. Fico tão preocupado, que acabo escutando metade do que me foi dito e, na primeira oportunidade, apresento minha opinião sobre o assunto.

Se realmente quero "escutar", preciso colocar de lado meus próprios pensamentos e sentimentos e abrir espaço em meu coração para procurar compreender e receber os sentimentos do outro e, assim, escutar além das palavras, para que, percebendo as entrelinhas, possa entender o que aquela pessoa quer me dizer.

Na verdade, escutar é uma oportunidade para experimentar intimidade e faz que nos sintamos amados, respeitados e valorizados.

Há alguns dias fui ao velório do pai de uma amiga muito querida. Ao abraçá-la, ela me disse: "Pensei que estava preparada, mas não estou". Sem dizer nada, abracei-a mais forte e ficamos ali por longo tempo. Sabia da longa enfermidade e da luta pela saúde daquele pai, e minha amiga pôde sentir no meu abraço que compartilhava da sua dor. No dia seguinte, recebi uma mensagem que dizia: "Como é bom saber que posso contar com você". Algumas vezes, não há necessidade de palavras, basta estar junto, chorar junto.

Em Lucas, capítulo 24, onde fala dos discípulos de Emaús", vemos como eles estavam confusos com a morte de Jesus. Eles não pensavam em outra coisa senão na morte e no fim de tudo, até que Jesus aparece, caminha com eles, explica-lhes as Escrituras. A experiência dos discípulos de Emaús foi gratificante, embora caminhassem com muita dor e saudade dentro deles, ficaram atentos aos ensinamentos daquele que se aproximou e disse palavras tão profundas, que seus corações chegam a arder.

No versículo 26 está escrito: "Não era preciso que o Cristo sofresse tudo isso para entrar em sua glória?". Com estas palavras, Jesus define, de forma muito positiva, o que é a morte. Um grande sofrimento, mas um sofrimento necessário para entrar na glória eterna.

Cristo ainda hoje continua aproximando-se das pessoas enlutadas e aflitas para lhes transmitir palavras animadoras, com a intenção de ajudá-las a viverem suas vidas. A aproximação de Cristo pode se dar através da oração, da meditação, ou de uma pessoa que lhe traga uma palavra de conforto e esperança.

O que queremos, quando nos propomos a ir ao encontro das pessoas, é oferecer consolo, é ajudá-las a passarem pela dor sem traumas.

Cristo voltou ao Pai e nos deixou encarregados de continuar sua obra. Ser cristão significa: estar hoje no lugar de Jesus fazendo o bem que ele fez, amando como ele amou, transmitindo aos necessitados palavras de conforto, como ele haveria de pronunciar.

Que possamos abraçar essa missão e a cada dia tornar concreto o objetivo de nossa própria existência, que é o de ser novos Cristos aqui na terra. E que a Mãe dos Aflitos interceda por nossas causas e as dos que encontrarmos ao longo da caminhada.

Lembro com muito carinho da ocasião em que estava acompanhando Rodolfo, que se achava internado. Era sábado e ele decidiu que queria ir à missa. Mas como? Não podíamos sair com ele do hospital.

Começamos a pensar no que e como faríamos para atender seu pedido. Fomos conversar com o pessoal do posto de enfermagem: era proibido sair, a não ser que a chefe o permitisse. Falamos com a enfermeira chefe que, claro, nos respondeu que não seria possível. Mas, diante de nossa insistência, prometeu que iria falar com a médica de plantão.

Passado algum tempo, chegou ela no quarto com um papel nas mãos. Era a autorização para sairmos, por uma hora e meia, e irmos efetivamente à missa. Felizes, saímos, levando o Rodolfo. Participamos da celebração e, ao retornarmos, seus olhos tinham um brilho especial. Era muito claro que agora ele se sentia preparado e protegido para encarar a cirurgia que seria realizada na segunda-feira.

Esse foi um momento lindo de minha vida. Tínhamos escutado o pedido de Rodolfo e nos esforçado para proporcionar-lhe a oportunidade que tanto queria de participar da missa. São esses gestos de carinho, compreensão, atenção, que precisamos e devemos ter para com as pessoas, de forma a consolar sua dor e aflição.

Textos bíblicos

Ler os Salmos 116,1-2 e 119,76.

Para reflexão

- Que lição posso tirar dessas reflexões?

Fazer-se presente diante da pessoa viúva e dos seus familiares

Maria Célia

Viúva de Wanderley, mãe de 3 filhos e avó de 4 netos. Mora em Guarulhos (SP). Foi coordenadora da Pastoral Familiar do Regional Sul 1 (SP) e também coordenadora da Pastoral Familiar Nacional. Colaborou até recentemente com as edições do *Hora da Família*.

Somos gratos a nossos pais que nos deram a vida. Quando crianças, entregamo-nos a eles e confiamos neles, eles são nosso porto seguro. Ao nos tornarmos adolescentes, a figura deles "muda um pouco", e começamos a questioná-los, a vê-los como "chatos", como pessoas que não nos deixam viver em liberdade.

Passada essa fase, começamos a trabalhar, a namorar, a ver a vida de outro jeito, com outro foco. Vamos percebendo que, até certo ponto, eles tinham razão e que aquele modo que eles tinham era realmente o mais acertado.

Depois, encontramos alguém para dividir nossos pensamentos, nossas vontades, nossos desejos etc. Até que um dia, diante do altar, juramos amor eterno... até que a morte nos separe... Perante Deus, iremos viver até esse dia chegar... e ele chega...

Lembro bem aquele dia em que, no hospital, o médico olhou para mim e falou: "A senhora sabe o que seu marido tem?". Eu, inocentemente, respondi: "Ele está com hepatite". E ele retrucou: "Não, ele está com tumor no pâncreas, é grande e vamos ter que operá-lo. E a senhora reze para que a cirurgia demore, porque, assim, ainda temos esperança".

O chão, não o sentia mais, meu pensamento era de como falar com ele, com nossos filhos e com toda a família.

Como chorar... como gritar... se eu o estava acompanhando no quarto e não podia deixar transparecer o que de fato ele tinha?

Aí começou a luta dele, bem como de toda a família e amigos: cirurgia, hospital, quimioterapia, radioterapia, emagrecimento rápido. Esse processo durou nove meses.

De repente, deparamo-nos com a perda de alguém que amamos, nosso companheiro, nosso amor, nosso cúmplice, nossa imagem. Aí vem a solidão, a falta de ter alguém que nos diga: "Você está bonita!", "Coloque essa blusa que fica melhor em você" etc. E o que, então, podemos fazer para enfrentar e superar essa perda?

Recordo-me sempre, com alegria, que o Wanderley era exatamente assim, dizia-me: "Vá passar um batom... fica mais bonita...". Quando íamos sair, comentava: "Olha como a mamãe está bonita!".

Acabei me acostumando e gostando de estar sempre com batom, de combinar as roupas... era algo de que ele gostava. Sinto-me bem em continuar fazendo isso, pois me lembro muito do meu querido e amado pai, que dava o mesmo tratamento para minha mãe. Talvez, por esses detalhes enriquecidos de amor e cuidado, é que continuo sendo a mesma e feliz.

Devemos, podemos e queremos ser felizes, mesmo sem a presença do amado, pois precisamos servir de luz para os que também enfrentam esse tipo de perda. O que importa é o amor vivido e partilhado.

Como falar de um grande amor sem emoção, sem que os olhos fiquem cheios de lágrimas por recordar alguém que cuidou da gente, de nossos filhos, de nossa família e dos nossos amigos.

No dia de sua partida, já bem debilitado, ainda falou que eu estava muito cansada por ter recebido muitas pessoas que vieram para visitá-lo e que deveria descansar. Ajudei-o a se levantar para ir para a cama e, assim, ele caiu para o lado, segurando minha mão, e eu o entreguei a Nossa Senhora.

Horas de sofrimento, de agonia, no entanto, de muita paz, pois estava cercada de filhos, amigos, parentes, todos cuidando de mim e dos trâmites necessários. Vivi esse momento com a certeza de que fui muito amada e amei muito. Houve, de minha parte, doação total e o cumprimento da promessa: "Até que a morte os separe".

Agora respirar... cuidar de tudo... Vivi meu luto por um ano e meio, chorando todos os dias e fazendo muitas perguntas e muitos questionamentos para Deus. Mas, em nenhum momento, entrei em depressão. Continuei minhas atividades na Pastoral Familiar, que me amparou e me deu sustento, bem como na paróquia de que fazíamos parte desde a juventude. Também os amigos não me deixaram sozinha e, com certeza, tive ajuda daquela que é, foi e sempre será meu porto seguro: a família.

Um dia li e vi a imagem do Papa Francisco que dizia: "Temos que viver todos os dias como a Páscoa, a ressurreição do Cristo, sendo alegres e acolhedores e não com cara de Sexta-feira Santa".

Mais uma vez respirei fundo e resolvi ser feliz, e decidi ajudar aquelas pessoas que estavam passando pelo luto.

Em Mateus 3,16 está escrito: "Brilhe a vossa luz diante dos homens".

> Tem cuidado para com o teu bem-estar. Sê natural e razoável. Retribua os sorrisos. Não desprezes a tua crença em mim. Procure ser minha testemunha no ambiente onde vives. Use as coisas deste mundo com sabedoria, de modo que os outros pensem bem de ti e possas ser um bom exemplo para eles (Clarence J. Enzler, *Cristo minha vida*).

Resolvi ser essa Luz. Algum tempo depois, minha filha engravidou e teve dois meninos lindos, Pedro e Mateus. Era a realização do sonho do avô Wanderley, além disso, os meninos eram o retrato fiel dele, tanto na aparência como no jeito de ser. Eles dizem que o vovô Wanderley está no céu.

O que importa realmente é o amor, o tempo e o cuidado que temos uns para com os outros.

A importância de ter e de ser parte integrante de uma família, de uma comunidade, está na diferença que isso irá fazer, no sentido de nos manter fiéis a Deus. E, assim, também podemos amparar os que precisam retomar suas vidas.

Segundo o apóstolo Paulo, na sua carta a Timóteo, as viúvas constituíram, desde a primeira geração cristã, um grupo bem vivo, com que a Igreja se preocupou de maneira especial, prolongando nisto a atitude de Cristo. Os textos que falam delas, tornam-se para nós muito familiar. Quem não se lembra do gesto de compaixão e da ternura do Senhor para com a viúva de Naim, a quem restituiu vivo o filho que morrera pouco antes (cf. Lc 7, 11-15), ou ainda do olhar admirador de Cristo, pela generosidade da viúva indigente (cf. Lc 21,1-4)?

Essa atenção para com as viúvas, nas diversas comunidades cristãs, foi realmente considerada exercício particular da caridade evangélica, uma vez que tais mulheres viviam uma realidade humana e espiritual profundamente marcada pelo mistério da cruz. A Igreja contemporânea, por sua vez, esforça-se por renovar a sua atenção e o seu serviço com respeito às viúvas em geral.

Pertencer a uma comunidade fundada na fé favorece o crescimento espiritual e a busca humilde e sincera da vontade de Deus.

A proteção principal de que uma pessoa viúva necessita é a de uma comunidade que a ajude a assumir e a valorizar a sua nova condição de vida, que a apoie nos momentos difíceis, que lhe ilumine o caminho para que encare com serenidade o desígnio de Deus: quer esse desígnio seja um novo casamento, que seja a livre aceitação do seu estado de viuvez para o viver em plenitude, quer, ainda, a consagração da própria vida a Deus nesse estado de vida particular.

Se fazer presente na vida de quem perdeu um ente querido é ter confiança num Cristo que nos alimenta e nos sustenta para continuarmos sendo esse mensageiro de seu amor e de sua vontade. Devemos deixar transparecer calma, serenidade, alegria, para contagiar as pessoas que estão a nossa volta e sofrem com a mesma dor.

Ainda que aquele que era o nosso amor tenha partido para a Casa do Pai, nossa vida continua, nossa luta também, e precisamos mostrar nossa confiança nesse Deus que nos ama e quer que sejamos instrumentos dele, para sermos uma rocha de firmeza e superação.

Mas como ajudar as pessoas viúvas e seus familiares? Algumas dicas são importantes:

- Cuidar da alimentação: temos o dever de viver bem e com boa saúde.
- Cuidar do sono: procurar dormir a quantidade de horas necessária para promover o bem-estar do nosso corpo.
- Saúde: por ser o bem mais precioso que temos, devemos estar atentos a essa questão. Visitar sempre um médico é recomendável.
- Aparência: manter uma boa aparência faz bem para nós e para as demais pessoas com as quais convivemos. Ajuda muito também na nossa autoestima.
- Família: devemos amar nossa família, mas procurar ser independentes, assim causaremos menos preocupação. Somos os principais responsáveis por nós mesmos.
- Comunidade: não nos devemos isolar e, sim, buscar fazer parte de uma comunidade, onde possamos partilhar nossas alegrias, tristezas e exercitar a autoajuda. É nesse pequeno núcleo, onde os problemas são parecidos, que crescemos no amor a Deus e aos irmãos e irmãs de caminhada.
- Amigos: precisamos ter um círculo de amigos, para partilharmos a dor, a alegria, bem como para podermos ter quem nos visite, quem viaje e passeie conosco, de forma que saboreemos o melhor da vida e do Cristo que nos uniu. Essa unidade faz com que nossos filhos se sintam felizes, por ver a felicidade dos pais.

Devemos estar sempre atentos àqueles que ficaram viúvos, lembrando-nos de estar com eles, de perguntar como estão, se precisam de algo, bem como para dizer que continuamos a rezar por eles e que, se precisarem de algo que estiver ao nosso alcance, estaremos dispostos a ajudá-los.

Lembremos sempre de Nossa Senhora, que teve muitas perdas em sua vida, mas, ainda assim, se manteve de pé ao lado da cruz, vendo todo o sofrimento de seu Filho. Apesar de tudo isso, ela continuou ao lado de seus amigos e de sua comunidade.

Que saibamos viver nossa vida através da força, da alegria, da sabedoria, da harmonia, da tolerância, da paciência, da doação e do amor.

Cristo confia em nós e nós iremos dar esse SIM a ele.

Texto bíblico

Ler Lucas 21,1-4.

Para reflexão

- O que posso fazer para me tornar presente na vida de uma pessoa que esteja convivendo com essas dificuldades?
- Faça algum gesto concreto, como, por exemplo: convidar alguém que está passando por momentos difíceis para um passeio ou, então, dar um telefonema.

Colaborar na reorganização da família

Silda Castro

Viúva de Wagner, mãe de 2 filhos e avó de 4 netos. Mora em São Paulo (SP). Formada em Ciências Contábeis, Administração de Empresas e Música. Foi casal diocesano do Encontro de Casais com Cristo e coordenadora da Pastoral Familiar, região Episcopal Ipiranga, da Arquidiocese de São Paulo.

E de repente tudo se transforma, vira de cabeça para baixo...

Quando perdi meu pai, há vinte e cinco anos, senti minhas forças indo embora. No entanto, percebi que teria que ser forte, cuidar de minha mãe e das providências materiais que sobrevieram com essa perda...

O tempo passou e minha mãe foi ao encontro de meu pai, há seis anos. E vi tudo acontecendo de novo.

Precisei, junto com meu marido Wagner, filhos, nora, genro, sobrinho e esposa, reorganizar nossa família, nossos sentimentos, de forma a nos unirmos para enfrentar esse novo desafio.

Mas, de repente, tudo se transformou de novo. Meu marido Wagner foi diagnosticado com câncer no intestino e no fígado. Entre a sua operação e a sua partida, foram quatro meses de muito companheirismo. Tivemos muitos momentos de conversa, pois ficávamos só nós dois, já que nossos filhos estavam casados. Parei de trabalhar para cuidar dele. Nessa união de trinta e quatro anos, a cumplicidade era enorme. Bastava olharmos nos olhos e um já sabia o que o outro estava pensando. Conversávamos sobre nossa vida, nossa família, nossos filhos, e uma das conclusões mais lindas dele foi: "Posso não ter ficado rico, mas consegui formar uma linda família, que ama a Deus e trabalha para ele".

Após a cirurgia, em que tiraram o tumor do intestino, mas não mexeram no fígado, meu marido me disse: "Se Deus me deu uma segunda chance, vou agarrá-la com unhas e dentes. Eu vou me tratar". E tentamos... Fiz de tudo para que ele se recuperasse, desde comidas especiais, sucos com muitas vitaminas, todo o cuidado possível. Mas não conseguimos superar a doença. O Wagner partiu para junto de meu pai e minha mãe, para a eternidade.

Após o enterro, quando voltei para minha casa, tudo estava estranho, sem cor. Eu tinha sentimentos muito fortes, pois ali era o lugar que sempre chamei de "meu ninho". Não podia chorar, nem gritar, pois meus filhos estavam ao meu redor, e minha filha, grávida de seis meses. Aproveitava para chorar quando podia estar ou ficar sozinha. Queria ser eu mesma. Quando meus filhos dormiam, abraçava as roupas de meu marido, sentia seu cheiro, e chorava em silêncio. Depois de algum tempo, fiquei sabendo que meus filhos pensavam que eu pudesse tentar suicídio, tão grande era o amor por meu marido.

Mas minha filha estava grávida e, além de ser muito apegada ao pai, corria risco de perder o bebê. Acabou vindo para minha casa, pois ficou em repouso aos sete meses de gravidez. Dormia na cama comigo... e eu não podia chorar pela falta de meu companheiro...

Ao mesmo tempo, meu filho, que estava recém-casado e pagava aluguel, pediu para vir morar com a esposa em minha casa... e eu não podia, mais uma vez, demonstrar minha tristeza...

Minha neta nasceu no dia 10 de janeiro de 2014, com saúde, e o amor que estava preso dentro do meu coração foi transferido para o meu "raio de luz", Júlia. Abafei toda a minha tristeza e consegui viver melhor.

Passados alguns dias, meu filho e a esposa foram morar em sua casa própria, graças a Deus. A partir daí, pude ficar sozinha.

Então, após quase cinco meses, pude chorar... e chorei muito. Abraçava as roupas do Wagner e chorava horas sem fim, noite adentro. A única coisa que me acalmava era rezar. Descobri que, quando ia começar a chorar, pedia a Deus o conforto para o meu coração. Com esse gesto, ia me acalmando.

E assim foi... quando ia à missa, chorava o tempo todo... aquele templo santo parecia detonar a saudade que estava dentro de mim. Afinal, foram trinta e oito anos de convivência, entre namoro, noivado e casamento, fazendo muitos trabalhos pastorais voltados para jovens, namorados, noivos, casais, além de trabalhar no dízimo e como ministros extraordinários da Eucaristia.

Descobri que meu companheiro executava muitas tarefas, algumas das quais eu nem imaginava. Já aposentado, ele cuidava de tudo que se referia à nossa casa, desde manutenção, organização de documentos, compras no mercado, cuidados com os passarinhos etc. ...

Fui iniciando um quadro depressivo que não me deixava participar de aniversários, festas, datas especiais. Tudo era motivo para ficar em casa. Não interagia com ninguém, pois meu coração sangrava.

Até que um amigo, padre e psicanalista, me alertou que eu precisava de ajuda, pois estava muito depressiva e o meu choro não parecia ser normal. Agradeço todos os dias por esse amigo ter me indicado uma terapeuta, que me ajudou muito. As coisas, aos poucos, lentamente, foram entrando no eixo, um eixo diferente, novo.

Resolvi mudar algumas coisas em minha casa, começando pela roupa de cama e de banho, pois lembrava o Wagner. E o fiz, aos poucos, doando as antigas aos necessitados. Consegui, também, doar suas roupas, o que me fez muita falta, pois havia uma parte do armário só dele... O tempo foi se encarregando de tirar o cheiro de seu corpo, e não via mais motivo para ficar com tanta roupa, uma vez que tantas pessoas precisavam... Guardei vários porta-retratos que ficavam por toda a casa, onde estavam registrados nossos momentos felizes. Coloquei fotos novas, de minha neta, filhos, sobrinhos, família. Precisei voltar ao trabalho, tudo estava se transformando e... levei um tombo, quebrei o pé esquerdo e o tornozelo direito. Fiquei vinte dias hospitalizada, sofri duas cirurgias e depois fiquei quase dois meses sem poder andar.

Aprendi a ter paciência, em nenhum momento me desesperei. Sofri muita dor, mas me entreguei aos profissionais do hospital que cuidavam de mim. Para com todos, eu era carinhosa e agradecia cada procedimento que faziam em meus pés. Aprendi a entender que a vida nos reserva muitas surpresas e comecei vê-la com outros olhos. Imagine uma pessoa ativa, que fazia tudo sozinha, precisando de ajuda de enfermeira para tomar banho, de ajuda da família, ou seja, totalmente dependente. Lembrei-me desta frase: "Nada te perturbe, nada te amedronte tudo passa, a paciência tudo alcança... a quem tem Deus nada falta, só Deus basta" (Santa Teresa D'Ávila).

Troquei de terapeuta e comecei um novo tratamento. Aprendi a viver o "agora". Saí daquele fundo do poço, do passado, derrubando muitas lágrimas. E ganhei um grande amigo. Fui estudar inglês, conhecer pessoas novas, viajar.

Sempre que posso reúno meus filhos, genro, nora, netos, sobrinhos, e celebramos a vida, a nossa união.

Quando um de meus filhos pergunta o que vou fazer no sábado ou domingo, para almoçarmos ou jantarmos, telefono para os outros e vejo se todos podem comparecer. E o elo dessa união vai ficando mais forte.

Procuro não ficar mais sozinha. Nas comemorações de aniversário, Natal, Ano-Novo, Páscoa, tento reunir todos e fazer uma celebração em família.

Continuo participando das missas, pois me alimentam espiritualmente. Abandonei todas as tarefas que realizava com o Wagner e estou executando coisas novas. Voltar a fazer coisas que fazia com ele, levava-me ao passado, me deixava triste, me fazia sentir sua falta. Mas quero guardar esse passado, esse amor no meu coração, e ser feliz.

Descobri que sou filha de Deus e só ele sabe me ajudar.

Todo esse processo foi muito lento... hoje faz três anos e seis meses que estou viúva, mas consegui reorganizar minha vida e minha família. E sinto-me feliz.

Texto bíblico

Ler Isaías 43,18-19.

Para reflexão

- Preciso continuar vivendo. O que devo fazer?
- Por onde começar?
- Sou filha de Deus e preciso viver a vida que me foi dada por ele. Como fazer isso?

Dimensão da fé na dor

Ceci Sendas

Viúva de Paulo, mãe de 2 filhos e avó de 4 netos. Mora em Governador Valadares (MG). Formada em Letras e pós-graduada em Pastoral Familiar. Foi coordenadora da Pastoral Familiar no Regional Leste 2 (MG/ES), do Núcleo de Formação da Pastoral Familiar Leste 2. Colaborou até recentemente com as edições do *Hora da Família*.

Quando nos casamos, vivíamos uma vida tranquila, mas afastada de Deus. Sentimos necessidade de participar da Igreja, quando nossos filhos estavam crescendo, porque queríamos para eles uma vida cristã. Trabalhava, nessa época, em um colégio católico, quando fomos convidados pelo padre para fazer o ECC (Encontro de Casais com Cristo). Foi aí que tive meu primeiro encontro com Jesus, que transformou minha vida. Literalmente, fez de mim uma outra pessoa. Mudei muito meus valores e meus comportamentos perante a vida. Passei a colocar minhas ações sempre nas mãos do Senhor para que ele me ajudasse a discernir o melhor caminho a seguir. Muitas vezes, quando não acontecia o que eu esperava, não ficava com raiva de Deus; aceitava que aquilo não seria bom para mim no futuro; para mim estava guardado algo melhor. E esse sentimento se confirmava, Jesus me concedia coisas muito superiores ao que havia pedido. Assim, comecei a me sentir uma pessoa de fé, devido a essa proximidade cada vez maior com Jesus.

Vivenciei muitos momentos surpreendentes, quando as respostas de Deus eram assustadoramente imediatas, como aconteceu num fim de semana. Estando nós no sítio, no final da tarde começou uma chuva que rapidamente aumentou num nível assustador. Ficamos apavorados com a quantidade de chuva que caia torrencialmente. A lagoa, ao lado da casa, que coleta as águas que descem dos morros, pela velocidade e o grande volume das mesmas, passavam por cima de uma pequena ponte do vertedouro a uma altura maior que a do telhado da casa. O barulho dos trovões, os relâmpagos intermitentes e o volume das águas nos deixaram apavorados. Parecia o fim do mundo! Foi então que nos abraçamos, e em oração, chorando de medo, suplicamos a Deus que nos livrasse daquele terror. Ainda estávamos abraçados rezando, quando, num piscar de olhos, como se nada tivesse acontecido, tudo ficou em silêncio. A chuva, os trovões e os raios, inesperadamente, pararam e o sol se abriu no céu azul e sem nuvens. Ficamos arrepiados e trêmulos com a resposta de Deus. Agradecemos muito a ele por esse momento, que ainda guardo na memória e considero uma resposta a nossa súplica.

Numa outra ocasião, Deus também me socorreu, quando, sentindo muitas dores abdominais, procurei um médico e tive, como diagnóstico, pedra na vesícula. Disse a ele: Como pode ser isso, se não tenho mais vesícula? Já fui operada há mais de cinco anos...

O médico me pediu uma radiografia, que, realmente, confirmou a presença de uma pedra no colédoco. Parti, então, para Belo

Horizonte (MG) à procura do médico que havia me operado. Foi confirmado por ele o diagnóstico, e a cirurgia ficou agendada para meu período de férias. Eu, ainda sem aceitar a ideia de uma nova cirurgia, comecei a rezar para que ela não fosse necessária. Pedi diretamente a Deus e a alguns intercessores para que essa intervenção não fosse necessária, pois já havia passado por duas cesáreas e uma extração de vesícula, e isso me deixara traumatizada. Na data agendada, fui internada. O médico, antes da operação, foi confirmar o que seria feito e me disse que não seria mais necessário a intervenção, a pedra não estava mais lá. Isso me deixou muito feliz! Esse foi, também, mais um carinho de Deus para mim.

Muitas experiências vivi e, assim, o Espírito Santo de Deus passou a ser meu companheiro e a ser fazer tão próximo como um amigo fiel, com quem posso contar a todo e qualquer momento.

Foi o que me aconteceu, quando voltamos de um fim de semana regado à caipirinha e feijoada no sítio. Lembro que voltamos numa segunda-feira, e meu marido estava sentindo-se mal, com dor no peito. Isso, para um cardíaco, não era um bom sinal. Assim que chegamos ao consultório, a sala de espera estava lotada de cardíacos com acompanhantes idosos, e a secretária pediu que aguardasse um pouco, pois ele seria encaixado no intervalo do próximo paciente. Isso acabou não se efetuando, porque o estado dele se agravou e o médico teve que interromper o atendimento para fazer um eletrocardiograma, que nada constatou. Felizmente, o médico era bom o suficiente e, mesmo sem nada ser detectado pelo exame, ele disse que era sintoma de infarto e pediu que o levasse numa cadeira de rodas ao hospital em frente ao consultório, onde ele já era esperado, pois seria internado imediatamente.

Saímos do consultório e, ao entrar no elevador empurrando a cadeira, antes de a porta fechar, ele teve uma convulsão e desmaiou. Esse foi, para mim, um momento de terror. Em minha família, nunca havia vivenciado doenças graves. Os momentos que se seguiram me deixaram sem rumo. Voltei com o Paulo na cadeira para o consultório, onde pacientes aguardavam atendimento. Graças a Deus, o médico tinha, na sala ao lado, uma academia para recuperação de cardíacos, estruturada para fazer primeiros socorros. Isso fez a diferença. Para colocá-lo na maca foi muito difícil. Ele era pesado, e as pessoas que estavam ali ajudando não tinham força suficiente, e, se não fosse tão sério o caso, seria até hilária a situação. Todos procuravam ajudar e, após várias tentativas para reativar o coração do Paulo, sem sucesso, fiquei desesperada. Saí dali, liguei para meus filhos e fui conversar com Deus. Claramente implorei ao Espírito Santo que não me abandonasse naquele momento. Eu não estava preparada para uma vida solitária, e implorei que fosse dado mais tempo de vida para ele. Foi nesse exato momento que escutei uma tosse. Essa foi uma resposta de Deus para mim... morto não tosse... Deus ouviu o meu apelo e o trouxe de volta à vida. A partir daí, todos os acontecimentos foram confirmando que Deus estava no comando.

Após chegar ao hospital, os atendimentos estavam todos sincronizados: O médico cardiologista, que faria a angioplastia, estava livre e, ao constatar que seria preciso colocar três *stends*, durante o próprio exame isso foi realizado; havia uma vaga na UTI (coisa difícil de acontecer nesse hospital) e todos os procedimentos de que necessitava foram efetuados. Três horas depois, ele já havia feito todas as intervenções necessárias e, três dias depois, voltou para casa são e salvo. Completando, ele ainda ficou conosco por mais de cinco anos.

Essas são algumas, entre tantas outras ocasiões que Deus me ouviu e me atendeu, pois foram momentos em que só ele podia me salvar.

Temos, na Bíblia, passagens que nos mostram, através de suas palavras, que Ele jamais deixará seus filhos sem amparo.

Textos bíblicos

Ler Mateus 7,7 e Hebreus 11,6.

Para reflexão

- O que é fé?
- Por que ela é importante?
- Você é uma pessoa de fé?

E concluindo...

Quando ouvimos a palavra "perda" ou "luto", quando escutamos de alguém: "Perdi meu esposo, ou perdi minha esposa, perdi meu filho, meus pais", enfim, estas palavras, com raríssimas exceções, lembram o sofrimento pelo qual alguém está passando ou passou. De fato, o *Dicionário Aurélio da Língua Portuguesa* define a palavra "luto" como sentimento de pesar e/ou dor pela morte de alguém, e isso nos remete a uma comparação.

A vida e a morte fazem parte da dinâmica de nossa passagem por este mundo. E a linha que separa a vida da morte é muito tênue. Num segundo, muda-se uma história. O fato é que, na maioria dos casos, nunca estamos preparados para esse momento.

Por mais que pensemos estar prontos, no momento em que acontece, sentimo-nos impotentes. Às vezes, durante o velório, podemos até passar certa imagem de que somos fortes, mas, no outro dia, ou alguns dias depois, começamos a perceber que nosso ente querido, aquela pessoa que amávamos e com quem convivíamos diariamente não está mais ali, para compartilhar sua vida, seja na alegria ou na tristeza, em meio às divergências, dificuldades. Enfim, a falta dessa pessoa começa a incomodar, e isso vai tomando conta de nós à medida que tomamos consciência de que não há volta.

Então, vem aquele sentimento de dor que é descrito no dicionário. A dor que muitos não conseguem verbalizar, não encontram palavras para descrever. Ela nada mais é do que um sentimento muito forte que habita em nós: a saudade. De início, vivenciamos o primeiro estágio da saudade, que é a dor, e como dói!

Na elaboração natural de um luto, a pessoa enlutada vai percebendo que esse sentimento começa a ter outra dimensão. Aos poucos, percebemos que a saudade se perpetua e que continuaremos a senti-la sempre, mas sem dor, sem sofrimento, claro que considerando que o luto passa por várias etapas. Passamos, dessa forma, a ter uma saudade cercada de boas lembranças. Sim, porque, como diz uma canção do Nelsinho Correa, da comunidade Canção Nova: "Só se tem saudade do que é bom".

O objetivo deste livro foi transmitir a experiência de quem viveu a perda não só com a viuvez, mas também com a separação conjugal, o que também leva a pessoa a viver um processo de luto. Mas, como foi visto, com esforço, é possível recriar-se e sair da situação de sofrimento e viver em paz.

Cada um que aqui relatou sofrimentos, momentos de dor (perda de alguém muito querido), fez um esforço muito grande em recordar sua via-crúcis. Em contrapartida, cada um se sentiu muito feliz em poder testemunhar seu sofrimento, sobretudo, no sentido de poder dar conselhos sobre como conseguiu superar essa etapa. No relato de todos, percebe-se a importante e indispensável presença de Deus. Esse Deus Amor, que, no derramamento da sua misericórdia sobre nós, nos dá paz, discernimento e acolhimento, seja através de família, amigos, padres, profissionais competentes, enfim, todos os que, na hora certa, nos acolhem com um abraço, com uma palavra de estímulo. E em cada situação, é possível perceber o amor de Deus por nós.

Sabemos que cada luto é um luto, cada caso é um caso, mas há muitas histórias parecidas. E algumas situações descritas aqui, assim como as superações vividas, poderão servir de ajuda, ou, pelo menos, de ponto de partida para quem está passando por isso. Nosso desejo é de que a pessoa que esteja experienciando situações semelhantes consiga achar seu caminho e seguir em frente. Pois a vida continua, o mundo não para por conta de nosso sofrimento e tristeza. E, se pudéssemos ter contato com quem já se foi, com certeza, essa pessoa nos diria: Não sofra..., estou bem..., aqui é muito bonito..., estou em paz..., vamos nos reencontrar um dia..., acalme seu coração..., levante a cabeça, siga sua vida, eu ficarei feliz aqui...

Mas, quando pensamos na possibilidade de que aquela pessoa que partiu está, agora, cuidando e se preocupa conosco, claro que em outra dimensão, isso nos dá um pouco de conforto e acalma nosso coração.

Sabemos, e sabemos mesmo, porque também passamos por essa situação, que perder alguém amado, alguém com quem tínhamos muitos planos e, de repente, ver esses planos sendo interrompidos, traz sentimentos de dor, tristeza, indignação, insegurança, momentos de revolta (por que não?), choro, e tantas outras situações. Nessa hora, é preciso ter com relação ao outro certo cuidado, é preciso dispor de um gesto de solidariedade e misericórdia, de uma atitude, principalmente, de escuta.

Perder alguém querido e amado sempre será doloroso, sempre trará sofrimento e tristeza. Pe. Zezinho, no seu livro *Orar e pensar como família*, publicado por Paulinas Editora, dedica um capítulo a esse tema com alguns dizeres muito edificantes:

Perder alguém querido (Pe. Zezinho, scj)

Não há palavras para expressá-la.

Não há livro que a descreva.

Por isso, o melhor jeito de consolar é falar pouco, orar junto, sentir junto e estar presente, cada um do jeito que sabe.

Palavras não explicam a morte de alguém querido.

Sabem disso o pai, a mãe, os filhos, os irmãos, o marido e a mulher, o namorado e a namorada, os amigos de verdade.

Quando o outro morre, parte do mistério da vida vai com ele. A parte que fica torna-se ainda mais intrigante.

Descobrimos a relação profunda entre a vida e a morte quando alguém que era a razão, ou uma das razões, de nossa vida vai-se embora.

Para onde? Para quem? Está me ouvindo? A gente vai se ver novo? Como será o reencontro?

Acabou-se para sempre, ou ela apenas foi antes? Por que agora? Por que desse jeito?

As perguntas insistem em aparecer e as respostas não aparecem claras.

Dói, dói, dói e dói muito...

Então a gente tenta assimilar o que não se explica.

Cada um do jeito que sabe.

Há o que bebe, o que fuma, o que grita, o que abandona tudo, o que agride, o que chora silencioso num canto, o que chama Deus para uma briga, o que mergulha no fatalismo e o que, mesmo sem entender ou crer, aposta na fé.

Um dia nos veremos de novo... enquanto este dia não chegar, entes que eu amo sei que me ouvem e oram por mim, lá, junto de Deus.

Para eles a vida tem, agora, uma outra dimensão. Alcançou o definitivo. Quem fica perguntando e sofrendo somos nós.

Mas como a vida é um riacho que logicamente deságua, a nossa vez também chegará e, quando isso acontecer, então não haverá mais lágrimas.

As que aqui ficaram chorando terão a sua explicação.

Por enquanto, fica apenas o mistério.

Alguém que não sabemos por que nasceu de nós e por que cresceu em nós, por que entrou tão de cheio em nossa vida, fechou os olhos e foi-se embora.

Quem ama de verdade não crê que se acabou. A vida é uma só: começa aqui no tempo e continua, depois, na ausência de tempo e de limite.

Alguém a quem amamos se tornou eterno. E essa pessoa já sabe quem e como Deus é. E também sabe o porquê de sua partida.

Por isso, convém falar com ela e mandar recados a Deus por meio dela.

Se ela está no céu, então alguém, além de Deus, de Jesus e dos santos, se importa conosco.

Definitivamente, não estamos sozinhos, por mais que doa a solidão de perder alguém. Mas é apenas por pouco tempo. Quem amou aqui, sem dúvida, se reencontra no infinito...

A morte sempre nos traz uma reflexão. Aqui, neste plano, não somos infinitos; existe uma finitude, e sabemos que um dia também passaremos pela experiência da vida à morte, e aí seremos motivo de reflexão e dor para outras pessoas. Se buscássemos nos aprofundar mais no entendimento desse mistério, conseguiríamos suportar com mais serenidade esses momentos, como nos ensina o Catecismo da Igreja Católica:

> *A morte é o termo da vida terrena.* As nossas vidas são medidas pelo tempo no decurso do qual nós mudamos e envelhecemos.

E como acontece com todos os seres vivos da terra, a morte surge como o fim normal da vida. Este aspecto da morte confere uma urgência às nossas vidas: a lembrança da nossa condição de mortais também serve para nos lembrar de que temos um tempo limitado para realizar a nossa vida: "Lembra-te do teu Criador nos dias da mocidade [...], antes que o pó regresse à terra, donde veio, e o espírito volte para Deus que o concedeu" (Ecl 12,1.7) (CIC, 1007).

Ao terminar este livro, depois de vários encontros, de viagens por algumas partes do Brasil, nos finais de semana, juntos buscamos atingir o melhor de cada um, para poder, em certa medida, ajudar quem está sofrendo a dor da perda. Se, de fato, isso ocorrer, nos sentiremos recompensados por todo o esforço dispendido neste livro, esforço esse que, diga-se de passagem, foi muito prazeroso.

Que o Senhor da vida e da história continue dando a todos nós luz e motivo para perseverarmos e seguirmos a nossa caminhada terrestre, para, um dia, por sua misericórdia, chegarmos também ao céu, onde acontecerá a grande festa, a alegria do reencontro.

Jorge Mendes

Rua Dona Inácia Uchoa, 62
04110-020 – São Paulo – SP (Brasil)
Tel.: (11) 2125-3500
http://www.paulinas.com.br – editora@paulinas.com.br
Telemarketing e SAC: 0800-7010081